Wille trifft Weg!

Dein Workbook zum B*E*S*T Basic Frauenselbstverteidigungskurs.

Stephanie Lade / Volker Martin

AF666394

Wille trifft Weg!

Dein Workbook zum B*E*S*T Basic Frauenselbstverteidigungskurs.

Stephanie Lade / Volker Martin

Bibliografische Information der Deutschen Nationalbibliothek:
Die Deutsche Nationalbibliothek verzeichnet diese Publikation in der Deutschen Nationalbibliografie; detaillierte bibliografische Daten sind im Internet über http://dnb.ddb.de abrufbar.

B*E*S*T- und EWTO Wing Tsun Akademie
Sifu Volker Martin
Sulzbachtalstr. 56
66280 Sulzbach

ISBN 978-3-96103-294-5

www.rediroma-verlag.de
10,95 Euro (D)

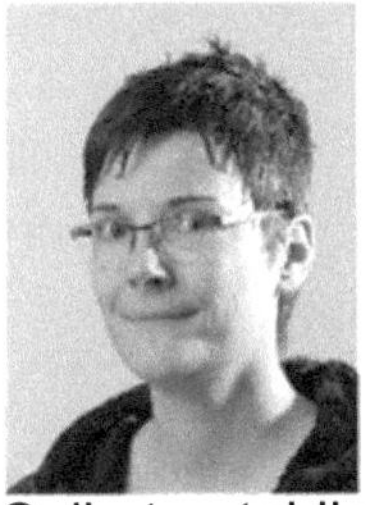

Die Autorin Stephanie Lade ist beruflich im saarländischen Schuldienst als Lehrkraft tätig. Sie fand in den Neunzigern den Weg in den Kampfsport über das Ju Jutsu im PSV Saarbrücken. Im Laufe der Jahre probierte sie verschiedene Kampfsportarten aus und orientierte sich schließlich in der chinesischen Kampfkunst Wing Tsun neu. Als Teil des Ausbilder-Teams um Sifu Volker Martin bringt sie den Teilnehmerinnen der Frauenselbstverteidigungskurse die Grundlagen der Selbstbehauptung und Selbstverteidigung näher. Sowohl im Ju Jutsu als auch in der EWTO hat sich die Autorin durch verschiedene Lehrgänge zur Fachübungsleiterin C, Übungsleiterin und Fachtrainerin für Frauenselbstverteidigung sowie Gewaltprävention qualifiziert.

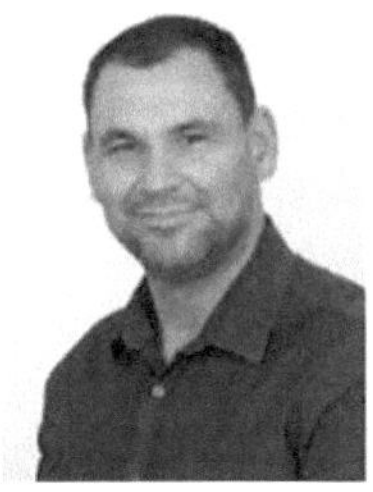

Der Autor Volker Martin leitet die EWTO Wing Tsun- und B*E*S*T-Akademie in Sulzbach / Saar und Saarbrücken seit 2008. Er ist beruflich bei der Polizei in der Aus- und Weiterbildung tätig. Den Weg in die Kampfkunst fand er 1988 über das Vollkontakt-Kickboxen. Seither hat er verschiedene Kampfsport- und Kampfkunststile kennengelernt, bis Wing Tsun zu seinem Schwerpunkt wurde. Als Träger des fünften Meistergrades im Wing Tsun und als B*E*S*T-Master-Instructor greift Volker Martin auf einen umfangreichen Erfahrungsschatz als Leiter seiner Wing Tsun- und B*E*S*T-Akademie zurück. Durch die erfolgreiche Teilnahme an zahllosen nationalen und internationalen Seminaren und Lehrgängen, beruflich wie privat, hat er beide Seiten der Ausbildung als Teilnehmer, aber auch als Trainer intensiv kennengelernt.

Das Vorwort - Herzlich willkommen!

Das vorliegende Workbook begleitet vorrangig alle unsere Kursteilnehmerinnen von Selbstverteidigungskursen der EWTO Wing Tsun- und B*E*S*T-Akademie in Sulzbach / Saar und Saarbrücken. Aber auch für Leserinnen, die Kurse in anderen Systemen oder Kampfkunstschulen absolvieren, wird das vorliegende Workbook eine Bereicherung sein. Die theoretische Auseinandersetzung mit dem Thema Selbstbehauptung und Selbstverteidigung ist uns sehr wichtig, weswegen wir dafür ein eigenes Workbook gestaltet haben.

Noch bevor Sie auch nur das erste Kapitel lesen, möchten wir Ihnen das „du“ anbieten. Auch in unseren Frauenselbstverteidigungskursen führen wir gleich zu Beginn der Kurse das sogenannte „Arbeits-Du“ ein. Diese persönliche Anrede ist vertrauter und erleichtert uns das gemeinsame Arbeiten.

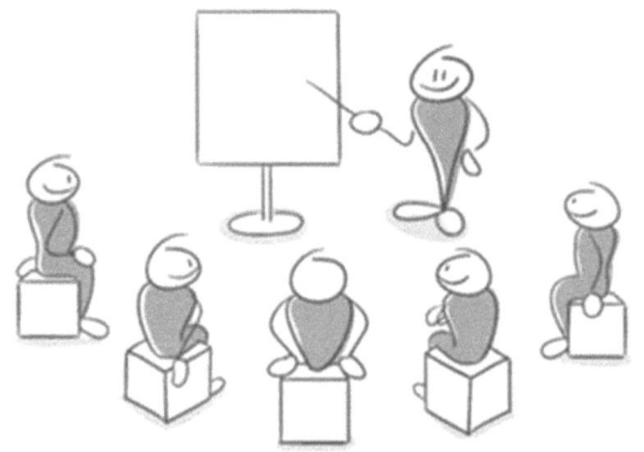

Du hältst also nun dein Workbook B*E*S*T-Basic Frauenselbstverteidigung in den Händen und hast damit eine gute Wahl getroffen. Wir bieten dir hochwertige Unterrichtsmaterialien, die deinen Selbstverteidigungskurs bei uns begleiten, den Unterrichtsstoff vertiefen und um zusätzliche Materialien ergänzen. Der Kauf des B*E*S*T-Workbooks Frauenselbstverteidigung erspart dir eigene Mitschriften im Kurs und erleichtert dir verschiedene Lernschritte durch theoretische und praktische Übungen für zu Hause wesentlich. Schritt-für-Schritt-Anleitungen, spannende Anwendungsübungen im Alltag, Informationen zu geltendem Recht, ein eigenes Coaching-Programm für die Teilnahme ängstlicher und gewaltvorbelasteter Frauen während unserer Selbstbehauptungs- und Selbstverteidigungskurse und vieles mehr erwarten dich in diesem Workbook. Wissenstests und Arbeitsbögen fordern dich auf mitzudenken und mitzumachen, damit du dich in die Zeit zwischen den Kursterminen ebenfalls sinnvoll mit dieser komplexen Thematik auseinandersetzen kannst. Dein Workbook ist deswegen in vorbereitende und nachbereitende Kapitel zu unseren Kursthemen unterteilt. So kannst du dich immer mit dem Thema beschäftigten, das gerade im Kurs aktuell ist.

Unsere B*E*S*T-Akademie hat etwas gegen Gewalt! B*E*S*T steht für das Konzept des berufsbezogenen Einsatz- und Selbstschutz-Trainings, welches von Volker Martin entwickelt wurde. Es handelt sich um ein spezielles Ausbildungssystem, das zunächst Mitarbeiterinnen und Mitarbeitern in konfliktbehafteten Berufen (ÖPNV, Pflegedienst, Schule, Rettungsdienst, Polizei, Feuerwehr, Sozialamt etc.) theoretisches und praktisches Wissen vermittelt, um sicher und professionell auf aggressive und gewaltbereite Personen zu reagieren sowie körperliche Übergriffe angemessen abwehren zu können. Es geht stets um Konflikterkennung, Konfliktvermeidung und Konfliktbeseitigung. Da Frauen und Männer nicht zwangsweise mit den gleichen Formen und Ausprägungen von Gewalt konfrontiert werden, gibt es ein eigenes Kurssystem B*E*S*T Frauenselbstverteidigung, das sich speziell an den Bedürfnissen von Frauen orientiert. Dein Workbook, das du gerade in den Händen hältst, wurde genau auf diese Bedürfnisse zugeschnitten.
Das B*E*S*T-Aus- und Fortbildungssystem wurde in Zusammenarbeit mit Selbstverteidigungsexperten, Ärzten, Verhaltenstrainern und Juristen entwickelt und wird ständig an den aktuellsten Entwicklungen angepasst. Alle unsere Instruktoren und Instruktorinnen sind in den Bereichen Polizei, Sicher-

heitsdienst, Pflege, Pädagogik, Psychiatrie und Psychologie tätig. Durch dieses große Erfahrungswissen werden alle B*E*S*T-Kurse und -Seminare optimal ergänzt.
So stehen für deinen Frauenselbstverteidigungskurs bei uns an der Akademie speziell geschulte Fachtrainerinnen und Fachtrainer für Frauenselbstverteidigung bereit, um dich b*e*s*tmöglich zu schulen.

Wir wünschen dir viel Freude und Erfolg während deiner Zeit an unserer B*E*S*T- und EWTO-Wing-Tsun-Akademie und natürlich viele neue Erkenntnisse mit deinem B*E*S*T-Workbook Frauenselbstverteidigung.

„Wo kämen wir hin, wenn alle sagten, wo kämen wir hin, und niemand ginge, um zu schauen, wohin man käme, wenn man ginge." (Kurt Martin)

Aufbau des Workbooks – Nutzungshinweise

Wir empfehlen dir, nicht im Buch vorzuarbeiten, sondern die einzelnen Themen jeweils erst dann zu lesen, wenn sie in deinem Kurs behandelt werden. Der Hintergrund ist einfach: Du bringst dich während deiner Zeit an unserer B*E*S*T-Akademie um spannende „Aha-Erlebnisse", die durch unsere Anleitungen und deine eigenen praktischen Erfahrungen noch ergänzt werden. Da wäre es schade, wenn du dich um solche eigenen Erkenntnisse bringst, da diese Form des Lernens sehr nachhaltig ist.

Die Vor- und Nachbereitung deines Kurses kannst du selbst in die Hand nehmen und so deine Lernerfolge steigern. Dieses Buch gehört dir persönlich. Niemals wird dich ein Ausbilder bitten, etwas aus deinen Notizen vorzutragen oder gar einen Blick hineinwerfen. Es ist ausschließlich für dich bestimmt.

In deinem Workbook haben wir verschiedene Themen-Bausteine zusammengestellt. Sie beinhalten alles, was du an Theorie während deines Kurses bei uns erfährst. Darüber hinaus findest du vertiefende Übungsaufgaben sowie ergänzende Lerninhalte und Aufgaben zur Selbstkontrolle mit Lösungen.

Bei uns lernst du viele verschiedene Angriffe kennen. Die Zahl der Verteidigungsmöglichkeiten ist um ein Vielfaches größer. Deswegen beschränken wir uns in unserem Basiskurs darauf, dir nur wenige, aber effektive Verteidigungsmöglichkeiten aufzuzeigen, die du beliebig miteinander kombinieren kannst. Weniger ist bei uns mehr! Wir werden sie individuell für dich und deinen Körper anpassen. Die Verwendbarkeit der Techniken hängt von vielen Faktoren ab: zum Beispiel von deiner Größe und der des Angreifers, von Gewicht und Kraft der Verteidigerin, aber auch deine Kleidung und der Tatort spielen eine Rolle. Das ist der Grund, warum wir dir keine fertigen „Patent-Rezepte“ anbieten können. Unsere Aufgabe sehen wir darin, dir Mittel und Wege zu zeigen, was im Fall der Fälle möglich und nötig ist, um dich zu behaupten und zu wehren.

Es liegt an dir, die gezeigten Möglichkeiten konzentriert und intensiv zu trainieren, damit sie im Ernstfall abrufbar sind. Die Problematik besteht darin, dass nicht immer alles in jeder Situation passt. Von daher wird dir eine gehörige Portion Flexibilität abverlangt im richtigen Moment zielführend zu handeln. Wir können dir aus unserer langjährigen Erfahrung als Selbstverteidigungstrainer Mut machen: Je mehr du dich auch in deiner freien Zeit präventiv mit der Thematik auseinandersetzt, umso eher kannst du für dich eine Idee davon entwickeln, was zu tun und zu lassen ist, wenn es ernst wird.

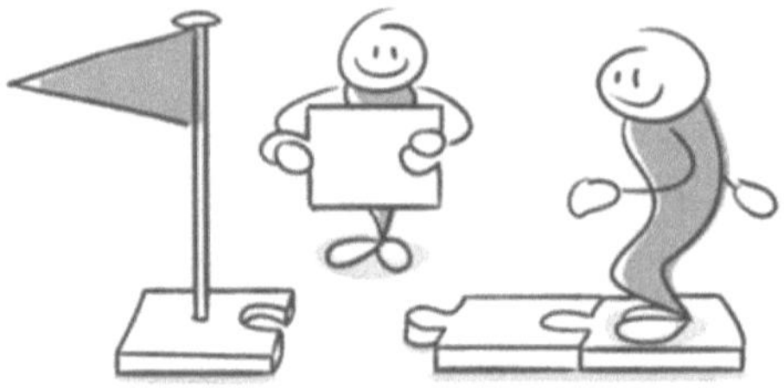

In deinem Kurs passen wir die Reihenfolge unserer Lerninhalte auch immer ein Stück weit dem Teilnehmerinnenkreis unserer Kurse an. Deswegen sind die Kurse, was die Reihenfolge der Lerninhalte anbetrifft, nicht immer identisch. Damit dir die Suche nach einzelnen Themen leichter fällt, ist dein Workbook thematisch geordnet aufgebaut und nicht entlang der Reihenfolge im Kurssystem.

Lass dich von deinem Ausbilderteam leiten und inspirieren. In unserem Kurs oder Seminar wirst du stets auf alles Wichtige hingewiesen und auch darauf, was du selbst für die nächste Unterrichtseinheit vorbereitend tun kannst. Du kannst dir sicher sein, dass du von uns immer genau jene Informationen erhältst, die du für diesen Moment benötigst. Du kannst dich jederzeit bei deinen Ausbildern über verschiedene Dinge informieren, falls dir wichtige Informationen fehlen.

Gehörst du eher zu den unsicheren Frauen, die einen größeren Informationsbedarf haben? Du kannst dich ganz in Ruhe bereits vor dem offiziellen Kursbeginn mit Hilfe unseres Vorkurses „Prepare ‘n Care“ in das Thema einarbeiten, so dass dir der Einstieg in unseren Basiskurs sehr viel leichter fallen wird, als du dir zunächst vielleicht vorstellen kannst. Wir versichern dir, dass du dich in unserer entspannten Kursatmosphäre wohlfühlen wirst. Es gilt stets der Grundsatz: Alles kann, nichts muss!
Dein Ausbilderteam vermittelt dir die notwendigen Kenntnisse in Sachen Selbstbehauptung und Selbstverteidigung. Du darfst dich darauf verlassen, dass alle Lernschritte sinnvoll aufeinander aufgebaut sind und wir für dich verschiedene Lernwege vorbereiten. Da wir stärkenorientiert mit dir arbeiten, werden wir uns vor allem in den praktischen Einheiten an deinen Fähigkeiten, Fertigkeiten und Möglichkeiten orientieren. Das bedeutet, dass wir dir die allgemeinen Lernziele aufzeigen und dir dann verschiedene Wege des Lernens zeigen. Welchen Weg du wählst, bleibt jederzeit dir überlassen.

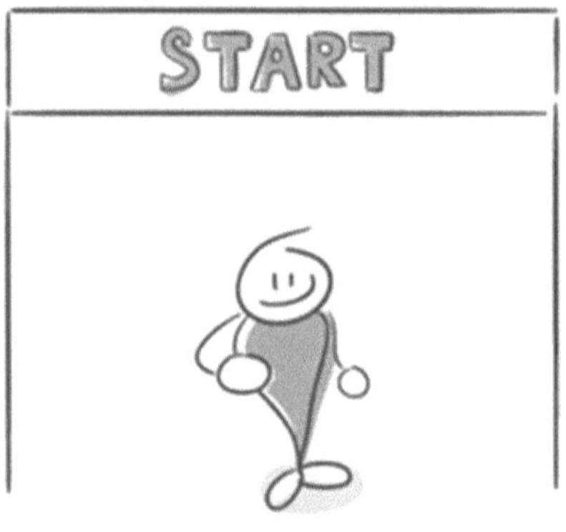

Inhaltsverzeichnis

Vor dem ersten Kurstermin – Das solltest du unbedingt wissen!

Dieses erste Kapitel liegt uns am Herzen, denn es beantwortet die vielen Fragen, die sich im Laufe der Zeit von der Anmeldung bis zum Kursbeginn ergeben. Hier erfährst du, wie du dich optimal auf unseren Kurs vorbereiten kannst.

Einen wichtigen Hinweis haben wir für dich gleich vorweg: Das Zuhören und Verstehen theoretischer Lerninhalte ist die eine Säule für eine erfolgreiche Teilnahme an deinem Kurs. Die andere Säule ist das praktische Üben während der Unterrichtseinheiten. Doch das Verstehen ist nicht gleichbedeutend mit dem Anwenden Können. Aus diesem Grund wollen wir dich ermutigen, dich intensiv mit den Übungen auseinanderzusetzen und konzentriert zu üben. Das bedeutet für dich in unserem Fall, dass du die vorgestellten Übungen nicht nur einmal, sondern so lange übst, bis die Trainer etwas anderes mit euch üben. Du kannst der Pyramide des Lernens und Behaltens entnehmen, wie sich die Lernleistung verbessert, umso mehr du selbst aktiv wirst.

Das, was du hörst oder siehst, macht nur einen geringen Prozentanteil dessen aus, was du behältst. Hören und Sehen bringen es immerhin auf 50%. Den größten Lerngewinn erreichst du jedoch, wenn du jemandem etwas selbst erklärst oder es selbst tust. Frauen berichten uns immer wieder, dass es jedoch zu Hause mit dem Partner beim Erklären und Vormachen nicht so funktioniert wie im Kurs. Das lässt sich ganz leicht damit erklären, dass man den Partner dabei nicht verletzen will. Im Ernstfall müsstest du ja mit aller Kraft zutreten oder Schlagen, damit sich ein Griff löst und daher kann ein „Test“ zu Hause natürlich nicht so ohne weiteres funktionieren. Wenn aber eine Bekannte aus dem Kurs einen Termin verpasst hat und fragt, was denn letzte Stunde gelernt wurde, so kannst du das als die Gelegenheit betrachten, durch dein eigenes Erklären Wissen zu vertiefen und es selbst besser zu behalten. So profitieren beide Seiten davon.

Pyramide des Lernens und Behaltens:

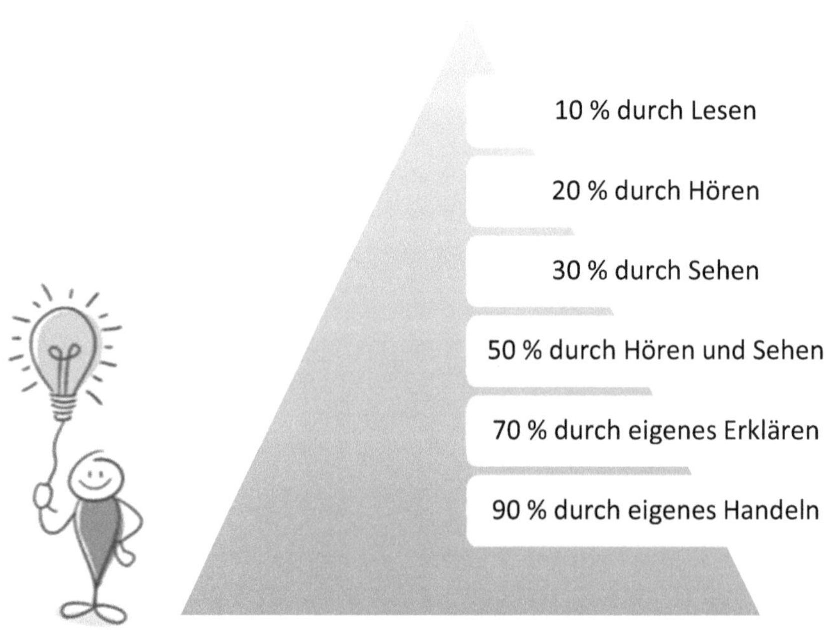

Ich habe ein wenig Angst wegen des Kurses: Werde ich das schaffen?

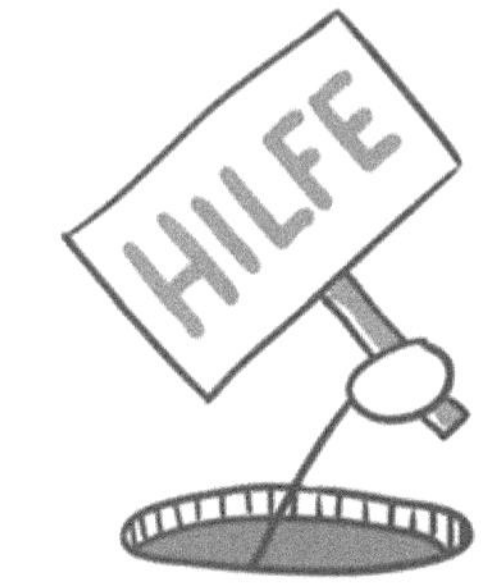

Zu deiner Beruhigung: Du bist mit dieser etwas zwiespältigen Situation nicht alleine! Einerseits möchtest du gerne unseren Selbstverteidigungskurs besuchen, andererseits bist du womöglich unsicher, ob er wirklich das Richtige für dich ist. Vielleicht hast du auch selbst in der Vergangenheit Gewalt erfahren oder unmittelbar miterleben müssen. Beides kann zu Unsicherheiten führen. Damit lassen wir dich jedoch nicht alleine.

Du kannst dir jederzeit sicher sein, dass unsere speziell geschulten Ausbilder hohes Einfühlungsvermögen und die nötigen Kompetenzen mitbringen, um Menschen wie dir Erfolgserlebnisse in vielerlei Hinsicht zu bescheren. Allerdings sind wir auf eine gute Zusammenarbeit mit dir angewiesen. Wir wissen nicht, was dich bekümmert, und deswegen können wir nur auf das reagieren, was du uns wissen lässt. Wir nehmen dich und deine Sorgen ernst und werden dir unsere Unterstützung anbieten. Gerade wenn du zu den ängstlichen Naturen gehörst, bitten wir dich darum, mit unseren Ausbildern in einem Vier-Augen-Gespräch ein vertrauliches Wort diesbezüglich zu wechseln. Du musst uns natürlich nichts erzählen, was du nicht möchtest, aber der eine oder andere Hinweis macht manches einfacher. Es bleibt stets deine Entscheidung, was du uns anvertraust.

Trotzdem möchten wir dich darauf hinweisen, dass wir zwar ein sehr professionell arbeitendes Ausbilderteam einsetzen, aber auch uns sind Grenzen gesetzt. Wir können nicht therapeutisch mit dir arbeiten und wir möchten unter keinen Umständen eine Retraumatisierung verantworten müssen. Deswegen werden wir, wenn wir den Eindruck haben, dass du aufgrund von Gewalterfahrungen noch nicht so weit bist, unseren Kurs erfolgreich abzuschließen, dich darauf ansprechen und das weitere Vorgehen mit dir besprechen. Du sollst gleich zu Beginn wissen, dass wir unsere Lernziele zwar allgemein definieren, dennoch sehen wir aber die Individualität jeder Frau und setzen, weil wir auf eine hohe Qualität unserer Kurse Wert legen, für jede einzelne Teilnehmerin individuelle Lernziele fest. Du bist einzigartig und weil dies für alle unsere Kundinnen gilt, werden wir gemeinsame Ziele besprechen und sie individuell für dich anpassen. Dein persönlicher Erfolg wird also möglicherweise anders aussehen als der anderer Kursteilnehmerinnen. Wir holen dich bildlich dort ab, wo du stehst, und begleiten dich im Rahmen unserer Möglichkeiten dorthin, wo du selbstbehauptungs- und selbstverteidigungstechnisch gelangen möchtest. Den Weg mit uns gehen musst du allerdings schon selbst.

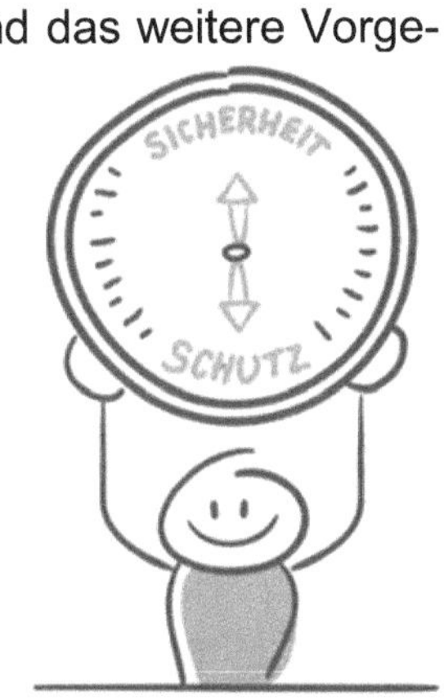

Wir möchten dich dazu ermutigen, an unserem Kurs teilzunehmen. Solltest du bereits zu Beginn feststellen, dass dir eine weitere Teilnahme unmöglich erscheint, sprich deine Ausbilder an und wir werden eine Lösung mit dir finden. Des Weiteren kannst du vorbereitend das Kapitel „Prepare 'n Care“ durcharbeiten. Es wurde speziell für unsere besorgten oder ängstlichen Kursteilnehmerinnen entwickelt und wird dir helfen, Unsicherheiten aus dem Weg zu räumen.

Deine Erwartungen an den Frauenselbstverteidigungskurs

Bevor wir uns zum ersten Mal im Frauenselbstverteidigungskurs kennenlernen, kannst du bereits einiges für deinen Erfolg in unserem Kurs tun. Mit diesem ersten Kapitel, das du gerade liest, kannst du dich prima auf unser Kennenlernen vorbereiten. Bevor wir dir verraten, was dich genau erwartet, wirst du dir selbst erarbeiten, was du von unserem Kursangebot erwartest. Natürlich kannst du auf den nächsten Seiten nachlesen, was wir dir im Kurs anbieten.

Was erwartest du von unserem Kursangebot?

Dies ist mit Abstand die wichtigste Vorbereitung für unseren Kursbeginn. Nimm dir etwas Zeit im Laufe der nächsten Tage und notiere dir bitte hier auf den freien Zeilen, was du bei uns lernen möchtest. Was sind deine Ziele?

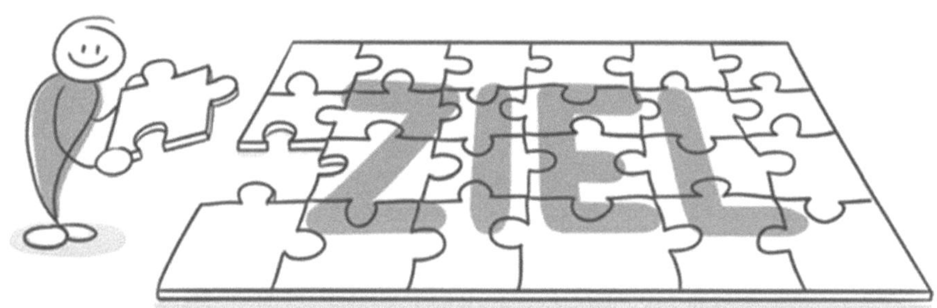

Es ist uns schon klar, dass das, was du lernen möchtest, etwas mit Selbstverteidigung zu tun haben wird, da du dich sonst vermutlich nicht zu einem Frauenselbstverteidigungskurs angemeldet hättest. Wir möchten an dieser Stelle, dass du dich etwas konkreter damit beschäftigst, was du bezüglich der Selbstverteidigung lernen möchtest. Auch wenn dieser Schritt vielleicht überflüssig wirkt, bitten wir dich, die Frage für dich möglichst genau zu beantworten. Du musst die Antworten niemandem zeigen oder vortragen. Sie sollen dir zu persönlicher Klarheit verhelfen und dich dabei unterstützen, größtmöglichen Nutzen aus unserem Kurs zu ziehen.

Also: Was erwartest du von unserem Kurs? Was genau möchtest du gerne bei uns lernen? Hast du ein besonderes Anliegen an die Ausbilder? Stichworte reichen völlig aus!

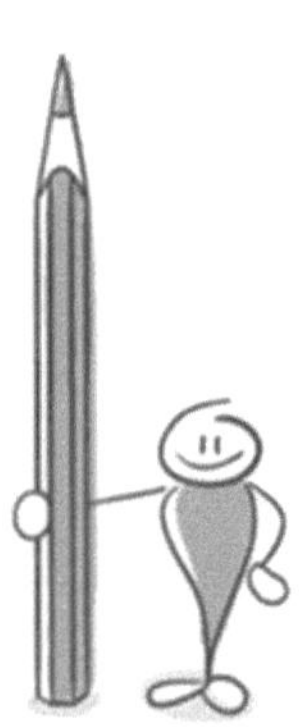

Der erste Schritt in die richtige Richtung ist erledigt und jeder Erfolg beginnt mit einem ersten Schritt in eben diese richtige Richtung. Nun wirst du sicherlich eine etwas konkretere Vorstellung davon haben, was du bei uns lernen möchtest und welche Erwartungen du an unseren Kurs stellst. Bei unserem ersten Treffen wird das Ausbilder-Team allgemein in die Runde fragen, was ihr euch vom Kurs erwartet. Es geht darum, dass sich die Ausbilder ein Bild von den Wünschen machen können und diese gegebenenfalls zusätzlich aufgreifen, sofern die Themen nicht sowieso schon in der Konzeption vorgesehen sind.

Was muss ich zum ersten Termin mitbringen? Ein guter Start!

Eine der häufigsten Anfragen vor dem Kursbeginn dreht sich um das, was du für unseren Kurs mitbringen musst. Du musst keine besondere Ausrüstung kaufen oder ausleihen. Alles, was du benötigst, sind ein paar Hallensportschuhe, wenn möglich mit heller Sohle, und bequeme Sportbekleidung. Wir lernen immer wieder auch Frauen in unseren Kursen kennen, die gerne in ihrer Alltagskleidung am Kurs teilnehmen wollen und insbesondere auch mit den normalen Straßenschuhen. An dieser Stelle bitten wir zunächst um Verständnis. Aus hygienischen Gründen ist das Betreten der Trainingsstätte mit Straßenschuhen nicht gestattet, da dort auch Trainingseinheiten auf dem Boden stattfinden. Auch können wir ein Training in Schuhen mit Absätzen nicht gestatten, um das Verletzungsrisiko zu minimieren – auch für die Trainingspartnerinnen. Wenn es sich ergibt, dürft Ihr gegen Ende des Kurses nach Rücksprache mit euren Ausbildern gerne auch einmal in Straßenkleidung üben. Im regulären Kurs bitten wir dich jedoch, Trainingsbekleidung zu tragen.

Ansonsten ist es empfehlenswert etwas zu trinken mitzubringen, insbesondere, wenn du am Ende der Kurstermine jeweils auf freiwilliger Basis an unserem Fitness-Programm teilnehmen möchtest. Besonders liegt uns am Herzen, dass du gute Laune und eine große Portion Neugier mitbringst. Das Mitschreiben im Kurs ist nicht erforderlich, da du mit dem Erwerb dieses Workbooks alle Lerninhalte gebündelt erhalten hast, die wir im Kurs vermitteln. Solltest du unsere Kursgebühr noch nicht entrichtet haben, bitten wir dich außerdem, Geld mitzubringen. Mehr benötigst du in unserem Basiskurs Frauenselbstverteidigung nicht. Es wäre auch nicht im Sinne des Erfinders, wenn du dir teures Equipment zulegen müsstest. Selbstverteidigung im Ernstfall sieht auch keine besondere Ausstattung vor. Du musst im Ernstfall mit dem zurechtkommen, was du bei dir hast.

Prepare 'n Care - Ermutigung für unsere Kursteilnehmerinnen

In diesem Kapitel bieten wir ängstlichen und unsicheren Frauen eine Anleitung, die dabei hilft, sich den Unsicherheiten bezüglich unseres Kurses bewusst zu werden und sie mit unserem speziellen Konzept anzugehen.
Du wirst im Kurs jede Menge Spaß haben und wenn du dieses Kapitel durchgearbeitet hast und ehrlich mit dir selbst warst, dann hast du schon viel dazu beigetragen, dass du diesen Kurs trotz aller Befürchtungen erfolgreich meistern wirst. All denen unter euch, die sowieso grundsätzlich neugierig und wenig

ängstlich an unsere Kursangebote heran gehen, empfehlen wir das Überspringen dieses Kapitels. Wir würden uns freuen, wenn du bereits vor dem Beginn des Kurses für dich selbst Klarheit schaffst und hier in Stichworten notierst, was genau deine Befürchtungen sind und wovor du Angst hast. In den allermeisten Fällen ist es nämlich so, dass Risiken im Kurs vermutet werden, die realistisch betrachtet nur winzigklein sind. Solche Fehleinschätzungen erzeugen Unsicherheit und das ist dann oft der Grund, warum Frauen sich nicht sicher sind, ob sie einen Kurs bei uns wagen sollen. Du wirst gleich erkennen, dass die meisten Sorgen und Ängste aus der Welt zu räumen sind. Bitte löse die Aufgaben in der vorgegebenen Reihenfolge, denn diese hat gute Gründe. Dazu gehört es auch, dass du die Lösung aus einer Aufgabe später in eine andere Aufgabe übertragen musst.
Das folgende Zitat soll dich ermutigen, deine Pläne in Angriff zu nehmen:

„Jedes erreichte Ziel ist ein hervorragender Startplatz für einen Aufbruch zu neuen Ufern." (Ernst Ferstl[1])

Vorkurs – Prepare 'n care

Unseren Vorkurs haben wir in Anlehnung an Jeff Thompson[2] entwickelt, der ein sehr empfehlenswertes Buch zum Thema Angst und Techniken zur Angstkontrolle geschrieben hat. Fangen wir an. Mach dir bitte bewusst, was dich verunsichert. Schreibe dazu auf jede Linie einen Aspekt, der dich beunruhigt oder verunsichert. Es kann eine knappe Aussage in Stichworten aber auch eine Frage sein, die dich bewegt. Sei nicht sparsam! Alles, was dich bedrückt, gehört jetzt hier her, völlig ungeordnet.

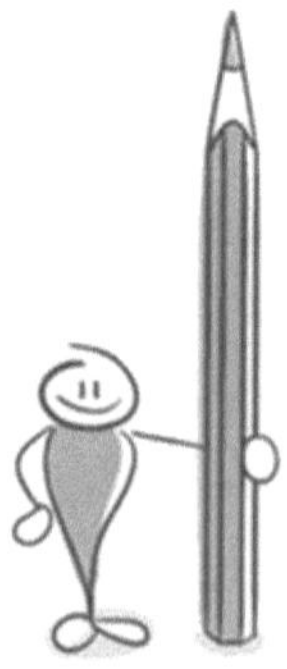

[1] Ernst Ferstl, geb. 1955, österreichischer Lehrer, Dichter und Aphoristiker.
[2] Thompson, Geoff (2001).

Hast du deine Befürchtungen notiert, kommen wir zum nächsten Schritt. Versuche, das mögliche Risiko zu erkennen, das sich hinter jeder deiner Aussagen versteckt. Die Aussage „Ich bin unsicher, ob ich in einer fremden Gruppe trainieren kann" beinhaltet unterschiedliche Risiken, die aber nur die Person formulieren kann, die auch diese Aussage getroffen hat. Es könnte sich hinter der Aussage zum Beispiel die Angst vor dem Risiko verbergen, sich vor fremden Menschen zu blamieren, aber auch die Angst davor, von fremden Menschen unerwartet angefasst zu werden (sei es die Angst vor Überraschungen, als auch die Angst vor der Gefahr, die generell von fremden Menschen ausgehen kann).

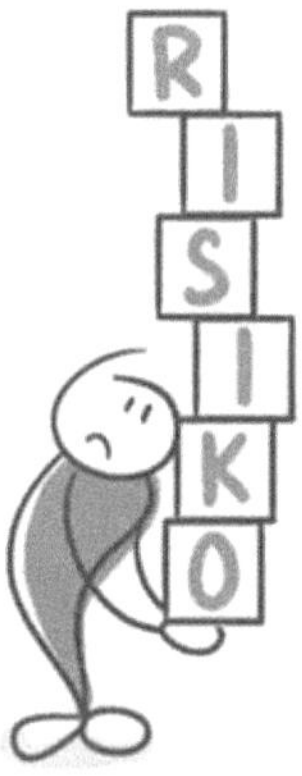

Deswegen bitten wir dich, auf dem Arbeitsblatt der nächsten Seite nun deine hier auf den freien Linien notierten Sorgen oder vermuteten Risiken erneut zu formulieren. Versuche sie in diesem Schritt jedoch bereits ein wenig zu ordnen. In jedes freie Feld gehört eine Befürchtung. Die ersten Felder sind für eher geringe Risiken und in die letzten freien Kästen trägst du bitte jene Aspekte ein, die dir ein besonders ungutes Gefühl verursachen.

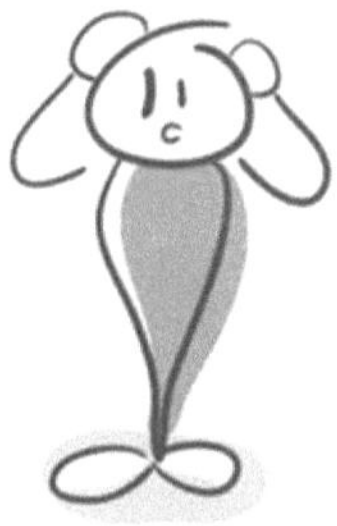

Arbeitsbogen 1 Risikobewertung

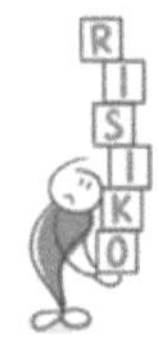

Folge beim Ausfüllen des Arbeitsbogens der Anleitung aus diesem Kapitel. Schritt für Schritt ergibt sich so ein Bild über die wahren Sorgen und Ängste. Reicht der Platz nicht, verwende den zweiten Bogen auf der nächsten Seite.

Risiko-Stufe:

Arbeitsbogen 2 Risikobewertung

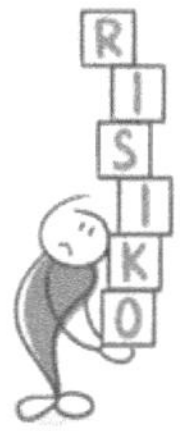

Folge beim Ausfüllen des Arbeitsbogens der Anleitung aus diesem Kapitel. Schritt für Schritt ergibt sich so ein Bild über die wahren Sorgen und Ängste.

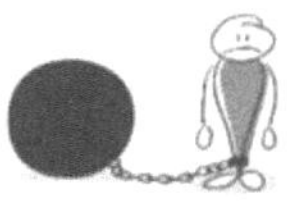

Risiko-Stufe:

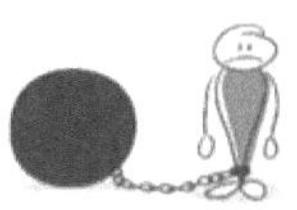

Risiko-Stufe:

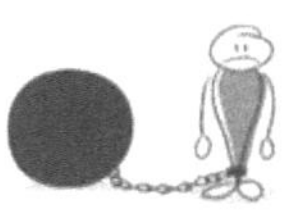

Risiko-Stufe:

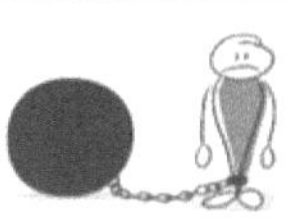

Risiko-Stufe:

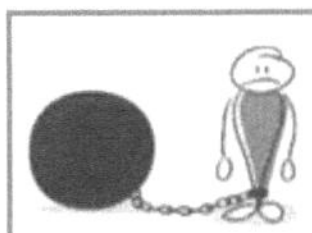

Risiko-Stufe:

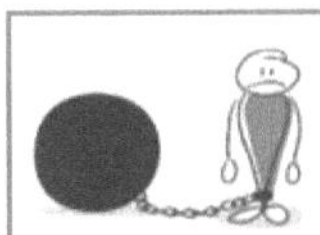

Risiko-Stufe:

Du siehst, dass unter jedem freien Feld auch eine Linie frei ist. Auf sie schreibst du als Nächstes auf, welche tatsächliche Angst hinter deinem persönlichen Risiko steckt. Sei ehrlich mit dir selbst. Manchmal kommen Ängste oder Sorgen in den unterschiedlichsten „Verkleidungen" daher und es ist zunächst gar nicht so leicht, herauszufinden, was die eigentliche Angst ist, die dahinter steckt, wenn eine Frau sagt: „Ich befürchte, dass ich nicht von einem fremden Ausbilder trainiert werden kann." Mögliche Ängste, die hinter der Aussage stehen, könnten sein: Die Angst, dass alte Ängste oder Erinnerungen hoch kommen, aber auch Angst, sich zu blamieren, oder dass der Ausbilder nicht auf dich eingehen kann. Diese Ängste sind zu Beginn unserer Kurse keine Seltenheit.

Nun hast du sicherlich schon etwas mehr Klarheit darüber, wovor du eigentlich wirklich Angst hast. Du hast nun die „Verkleidungen" deiner Sorgen durchschaut und kannst jetzt daran gehen, die einzelnen Punkte nach ihrem Risiko-Wert einzustufen. Werde dir darüber klar, welche Aspekte dich besonders stark, mäßig oder nicht so sehr verunsichern. Eine erste Einteilung hast du im letzten Schritt vollzogen, als du sie aus der ersten Aufgabe auf den großen Arbeitsbogen übertragen hast. Dort verwende jetzt bitte unsere Punkteskala von eins bis zehn. Eine Angst der Stufe zehn könnte schlimmer nicht sein. Bewertest du das Risiko eines Aspektes mit nur zwei Punkten, ist er im Vergleich zu anderen Sorgen eher gering. Du siehst, dass neben jedem Feld noch kleine Kästen frei sind, in denen du bitte jeweils die entsprechende Risiko-Bewertung von eins bis zehn einträgst.

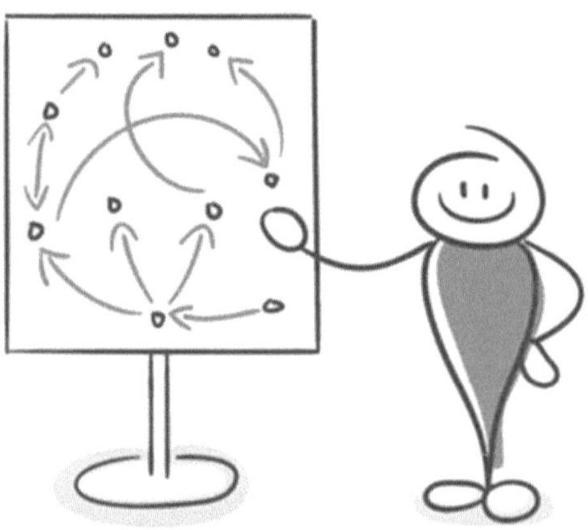

Hast du dies erledigt, betrachten wir deine Bewertung einmal genauer. Sind es sehr viele hoch bewertete Risiken, die du vermutest? Sind es eher Sorgen, die mäßig schwer wiegen, oder kannst du sogar vielleicht die Mehrzahl aller Sorgen im niedrigen Bereich vorfinden? Wir werden jetzt mit dem nächsten Arbeitsbogen jedes einzelne Risiko genau unter die Lupe nehmen. Dazu gehst du wie folgt vor: Nimm dir als erstes die schwächste Sorge vor. Gibt es etwas, was deine Sorgen ein wenig abschwächen könnte? Unter welchen Umständen würdest du dich besser damit fühlen, selbst wenn noch ein minimales Restrisiko bestehen würde?

Wir wissen, dass diese Denkaufgabe nicht in wenigen Minuten gelöst werden kann, weil der Lösungsprozess oftmals einige Zeit braucht. Aber da der Kurs ja noch gar nicht begonnen hat, hast du diese Zeit, um dich damit zu beschäftigen, welche Bedingungen erfüllt sein müssten, damit dir deine Sorgen wegen des Kurses leichter werden.

Folgende Anregungen könntest du zu Rate ziehen, um das Risiko neu betrachten zu können:

- Unwissenheit kann verunsichern oder Angst machen. Es ist wichtig, notwendige Informationen zu bekommen, um eine Sorge objektiver einstufen zu können.
- Gibt es jemanden, der dir Informationen zu einem Problem geben kann? Wenn ja, wer könnte das sein?
- Würde sich deine Angst reduzieren, wenn eine bestimmte Person anwesend wäre? Wer könnte diese Person sein?
- Was kannst du tun, um mehr über einen Aspekt im Kurs zu erfahren?

- Gibt es etwas, was dich auf das von dir benannte Risiko gut vorbereiten kann? Was könnte es sein? Womit würdest du dich sicherer fühlen?

Diese Anregungen sind noch lange nicht vollständig aber du wirst sicherlich schon erkannt haben, dass wir dich nun aus der Passivität befreien wollen. Du hast es in der Hand dich sicherer zu fühlen, wenn du aktiv wirst und zum Beispiel Informationen einholst. Du bist bei uns niemals einer Situation passiv ausgesetzt. Stets hast du die Kontrolle über das, was passiert.

Erkennst du schließlich im letzten Schritt der Risiko-Analyse eine Handlungsmöglichkeit, falls der absolute Worst Case, also die schlimmstmögliche Situation, für dich doch eintreffen würde? Überlege dir im Vorfeld, was du tun oder lassen kannst, um aus der für dich vermeintlich schlimmen Situation herauszukommen, ohne das Gesicht zu verlieren. Spiele verschiedene Varianten gedanklich durch, wie du reagieren möchtest, wenn das Befürchtete doch eintreffen sollte. Gerne kannst du darüber auch mit deinen Ausbildern sprechen. Notiere schließlich deine persönlichen Lösungsansätze auf das Blatt unter „Mein Worst-Case-Plan“ und entspanne dich. Du hast eine Menge mehr Vorarbeit als viele andere Frauen im Kurs geleistet, um etwas für dein persönliches Wohlbefinden zu tun. Du kannst deine Ausbilder jederzeit um mehr Informationen zu einer Übung bitten oder um Hilfen, falls du alleine keine Idee entwickeln kannst, wie du bestimmten Situationen im Kurs begegnen möchtest.

Kannst du bereits einen Unterschied feststellen, ob sich für dich etwas verändert hat bezüglich deiner Hilflosigkeit angesichts der Sorgen, die du dir wegen der Kursteilnahme machst? Bewerte deine Gefühls-Situation und ob sich, seit du mit diesem Kapitel zu arbeiten begonnen hast, etwas verändert hat. Dieser Schritt ist wichtig, weil er dir hilft, deine Gefühls-Situation aus der Distanz zu betrachten. Note 6 bedeutet, dass du dich noch immer genauso unsicher fühlst, wie zu Beginn. Note 1 bedeutet, dass sich deine Situation wesentlich verbessert hat und du nun maximal optimistisch auf den vor dir liegenden Kurs schaust. Ergänze in dem zu dir passenden Feld bitte in einem kurzen Kommentar, was sich verändert hat.

Arbeitsbogen Risiko-Management 1 „Mein Worst-Case-Plan“

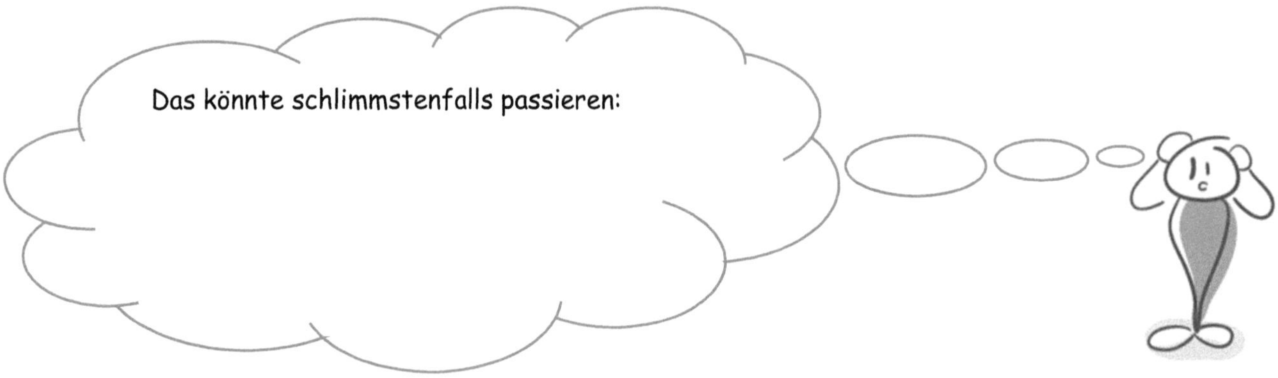

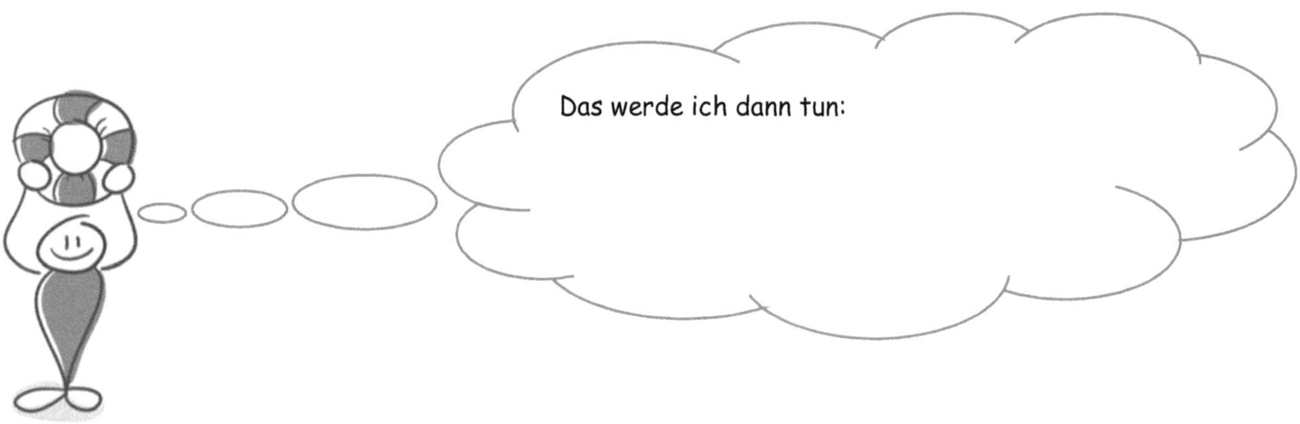

Das könnte ebenfalls geschehen:

Das werde ich dann unternehmen:

Das könnte ebenfalls geschehen:

Das werde ich dann unternehmen:

Auf der Folgeseite findest du noch weiteren Platz für dein Risiko-Management.

Arbeitsbogen Risiko-Management 2 „Mein Worst - Case - Plan“

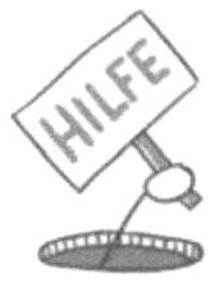

Das könnte ebenfalls geschehen:

Das werde ich dann unternehmen:

Das könnte ebenfalls geschehen:

Das werde ich dann unternehmen:

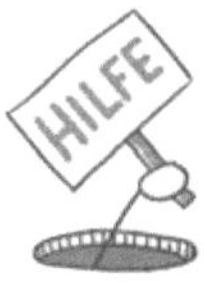

Das könnte ebenfalls geschehen:

Das werde ich dann unternehmen:

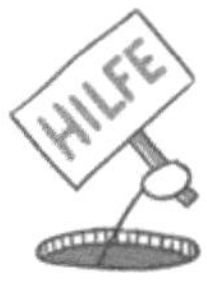

Das könnte ebenfalls geschehen:

Das werde ich dann unternehmen:

Startschuss für deinen Selbstverteidigungskurs

Dieses Kapitel dient der Nachbereitung und hält alle wichtigen Informationen des ersten Termins bereit, falls du sie noch einmal nachlesen möchtest. Wir freuen uns, dass wir dich persönlich bei uns begrüßen durften. und wünschen dir viel Erfolg und Freude während der Zeit an unserer Akademie!

Unser Kurskonzept – Das erwartet dich bei uns!

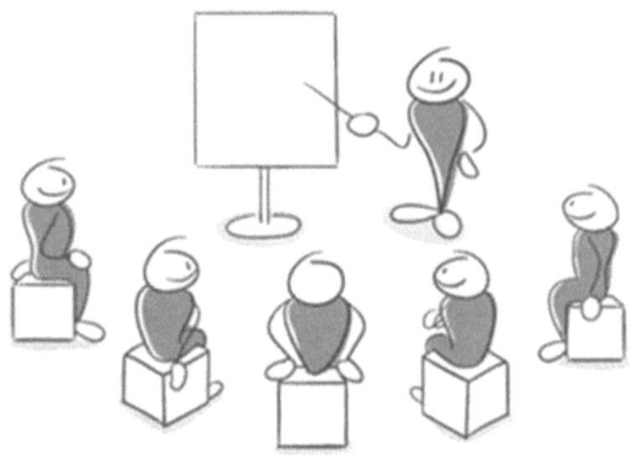

Unser B*E*S*T-Frauenselbstverteidigungskurs ist ein Grundkurs, der zunächst die Grundlagen der Selbstbehauptung und -verteidigung vermittelt. Nach dem Abschluss des Basiskurses kannst du dir darauf aufbauende Kurse aus unserem Angebot heraussuchen.
Folgende theoretische Lerninhalte können in einem Kurs eine Rolle spielen und sind bei uns in vielen unserer B*E*S*T-Kursangebote enthalten:

- Was verstehen wir unter Selbstbehauptung und was unter Selbstverteidigung?
- Was sind Grenzen? Grenzen wahrnehmen und sichtbar machen,
- Grundverständnis der Körpersprache,
- Umgang mit der Körpersprache (Mimik, Gestik, Körperhaltung und Körperpositionierung),
- Grundverständnis zur Sprache, Einsatz der Stimme,
- Was ist Gewalt? Der Gewaltbegriff,
- Umgang mit Stress,
- Bewahrung kognitiver Eigenschaften während der Stressphase,
- Intuition und der „Gefahrenradar" – Sensibilisierung für Gefahren,
- Handlungshinweise bei Gefahr,
- Selbstbildnis und Selbstbewusstsein,
- Sexualstraftaten aus rechtlicher Sicht,
- Notwehr, Nothilfe, Notwehrüberschreitung,
- Erlaubte Waffen und Hilfsmittel in der Selbstverteidigung,
- Sexuell motivierte Annäherung (Mann bei Frau),
- Ritualverhalten,
- „Nein" sagen lernen / Grenzen ziehen und verteidigen,
- Gute und schlechte Geheimnisse.

Zu den im theoretischen Teil vorgestellten Themen gibt es in unseren Kursen auch immer einen praxisbezogenen Teil. In unseren Unterrichtseinheiten kombinieren wir stets Theorie und Praxis sinnvoll miteinander. Folgende praktische Unterrichtsmodule erwarten dich:

- Erkennen der persönlichen Distanzschwelle von Fremden,

- Grenzen setzen mittels Körpersprache,
- Einsatz der Stimme, indem die Grenze verbalisiert wird („Lassen Sie mich in Ruhe!“, ...),
- Kombination von Stimmeinsatz und Aufzeigen der Grenzen,
- Schutzpositionen,
- Verteidigung gegen Umklammerungen von vorne unter den Armen,
- Verteidigung gegen Umklammerungen von vorne über den Armen,
- Verteidigung gegen Umklammerungen von hinten unter den Armen,
- Verteidigung gegen Umklammerungen von hinten über den Armen,
- Verteidigung gegen Schwitzkasten und jegliche Art von „Bierzelt-Schunkel-Attaken“, sowie gegen Würge-Angriffe,
- Verteidigung gegen Arm um die Schulter legen,
- Verteidigung gegen Handgelenkfassen einseitig gegenüber,
- Verteidigung gegen Handgelenkfassen einseitig diagonal,
- Verteidigung gegen Handgelenkfassen beidhändig,
- Verteidigung gegen Handgelenkfassen überkreuzt,
- Zielführendes Verhalten im Aufzug, in Bus und Bahn, sowie als Mitfahrer in PKW,
- Zielführendes Verhalten als Fahrerin / Mitfahrerin in PKW, bei der Nutzung des ÖPNV,
- Richtig zu Boden fallen,
- Schutzposition in der Bodenlage,
- Gesichertes Aufstehen aus der Bodenlage,
- Verteidigung am Boden gegen sexuell motivierte Übergriffe.

Vielleicht hast du Themen entdeckt, die du dir schon vor dem Start des Kurses gewünscht hast. Möglicherweise sind auch Themen dabei, die du gar nicht erwartet hättest. Im Laufe unseres Kurses wirst du die Zusammenhänge zwischen den einzelnen Themen schnell erkennen und dein neu erworbenes Wissen in diesen Zusammenhängen einordnen können. Dadurch erweiterst du dein Wissensnetz Woche für Woche. Theorie und Praxis werden von unseren Ausbildern stets so kombiniert, dass sie in Lernspiralen angeordnet sind und auf diese Weise schnell zu aktivem Wissen werden.

Selbstbehauptung & Selbstverteidigung

Vielen Frauen fällt es zu Beginn unserer Kurse schwer, die beiden Begriffe Selbstbehauptung und Selbstverteidigung zu unterscheiden. Da das Kurskonzept auf den beiden Säulen der Selbstbehauptung und Selbstverteidigung aufgebaut ist, wollen wir beide Begriffe klar voneinander abgrenzen.

Die ***Selbstbehauptung*** ist der Selbstverteidigung vorgeschaltet. Wer sich selbst behauptet, ist sich seiner Werte, Rechte und Grenzen bewusst und kommuniziert diese. Grenzen auszudrücken durch Sprache und Körpersprache ist nichts anderes als die Behauptung dieser Grenzen.

Die ***Selbstverteidigung*** folgt auf die Selbstbehauptung. Wenn das Kommunizieren von Grenzen auf verbaler und nonverbaler Ebene nicht mehr ausreicht, um sie zu schützen, müssen die Grenzen verteidigt werden. Dazu zählen laut Notwehrrecht all jene Mittel, die geeignet sind, einen (unmittelbar bevorstehenden) rechtswidrigen Angriff abzuwehren.

Es ist wichtig für dich und alle dich umgebenden Menschen, dass du dir deiner Werte, Rechte und Grenzen selbst bewusst bist und diese auch kommunizierst. Deine Grenzen können von anderen Menschen nur dann respektiert werden, wenn sie ihnen bekannt sind. Gehe zunächst davon aus, dass die wenigsten Menschen absichtlich Grenzen verletzen.

Grenzen – Bestimmen, ziehen, schützen.

Sind deine Grenzen einer anderen Person nicht bekannt, kann es zu Grenzüberschreitungen kommen, die noch nicht einmal zwingend beabsichtigt gewesen sein müssen. Solche Missverständnisse kannst du vermeiden, indem du klar sagst, was du willst und was nicht.

Das gilt im Übrigen auch für unseren Kurs: Wenn jemand etwas tut, was du nicht möchtest, dann sage es, denn nur auf diese Weise können wir dafür sorgen, dass es dir in unserem Kurs gut geht.

Niemand hat das Recht deine Grenzen zu überschreiten. Versucht es dennoch jemand absichtlich, dann muss er mit Konsequenzen deinerseits für seine Grenzüberschreitung rechnen. Dazu wollen wir dich ermutigen, wenn wir später auf den Willen zur Selbstverteidigung zu sprechen kommen.

Im Zuge der Selbstverteidigung werden wir mit dir im Laufe des Kurses verschiedene mögliche Ziele bei einem Angreifer, zum Beispiel die Augen, erarbeiten. Wenn du geeignete Ziele kennst, wird es dir bald schon leichter fallen, sie mit körpereigenen „Waffen", wie zum Beispiel mit deinen Fingern oder deiner Handfläche zu attackieren.

Bei uns lernst du keine komplizierten Verteidigungstechniken, denn diese würdest du in der kurzen Zeit bei uns nicht ausreichend lange üben können. Wir werden deine kostbare Zeit also nicht verschwenden, sondern dir Wege zeigen, die eine Verteidigung in vielen Situationen möglich machen, auch ohne dass du dafür sportlich oder sehr beweglich sein müsstest. Im Verlauf der nächsten Kapitel und Kurstermine wirst du noch viel mehr darüber erfahren.

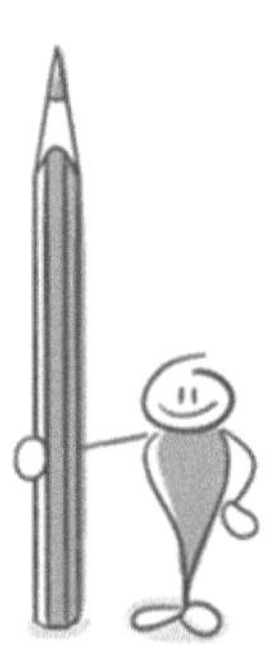

Nachbereitend kannst du folgende Aufgaben lösen, um dein Wissen zu Selbstbehauptung und Selbstverteidigung zu vertiefen.

Kennst du Situationen, in denen jemand deine Grenze überschritten hat? Wähle eine solche Situation aus und versuche das Ereignis vor deinem geistigen Auge Revue passieren zu lassen. Notiere für dich auf die folgenden Linien, was sich ereignet hat.

Hast du deine Grenze in der Situation rechtzeitig kommuniziert?

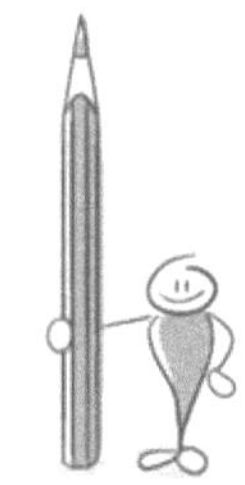

Hast du sie also gegen andere Menschen behauptet? Wie genau hast du dies gemacht? Was hast du getan oder gesagt?

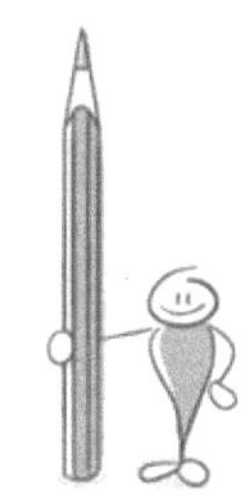

Wie verlief die Situation weiter, nachdem du dich behauptet hast oder eben auch nicht behauptet hast, weiter? Was war das Ergebnis?

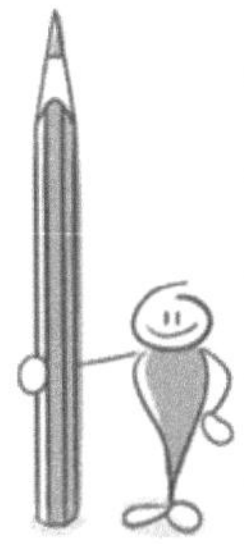

Für den Fall, dass es dir in der Vergangenheit nicht oder nicht gut gelungen ist: Überlege dir, wie du in einer ähnlichen Situation in Zukunft reagieren könntest, damit deine Grenzen nicht missachtet werden.

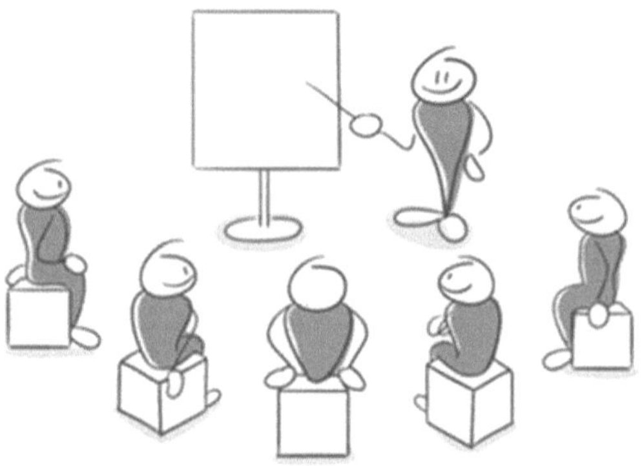

Wenn du diese Fragen für dich beantwortet hast, wirst du vielleicht gemerkt haben, dass du alleine mit dem Wissen zur Selbstbehauptung bereits eine Menge bezüglich deiner persönlichen Sicherheit verbessern kannst, wenn du ab sofort konsequent deine Werte, Rechte und Grenzen behauptest. Wir wissen auch, dass sich fest eingefahrene Verhaltensmuster nicht von heute auf morgen ändern lassen. Wenn du aber den Willen entwickelst, etwas für deine Sicherheit und allgemein dein Wohlbefinden im Umgang mit anderen Menschen zu tun, dann wirst du um diesen Schritt der Selbstbehauptung nicht herumkommen. Selbstbehauptung hat nichts mit Unhöflichkeit zu tun. Es kommt schließlich ganz darauf an, wie du deine Grenzen kommunizierst. Das werden wir uns demnächst gemeinsam ansehen. Grenzen kannst du ganz freundlich und dennoch unmissverständlich ziehen. Es ist dein gutes Recht, dich zu behaupten. Grenzen zu ziehen hat auch etwas mit Nein-Sagen zu tun. Das fällt manchen Frauen in einer Selbstbehauptungssituation schwer. Wir werden dir beibringen, wie du ein Nein deutlich kommunizieren kannst.

Arbeitsbogen - Distanzbereiche

Stell dir vor, du stehst in der Mitte einer Zielscheibe und du wirst von verschiedenen Kreisen umgeben, in deren Mittelpunkt du stehst. Ergänze die Zeichnung um die verschiedenen Distanzbereiche, die du in unserem Kurs kennengelernt hast. Schreibe in jede Fahne die Bezeichnung der Distanz und den Bereich in Metern.

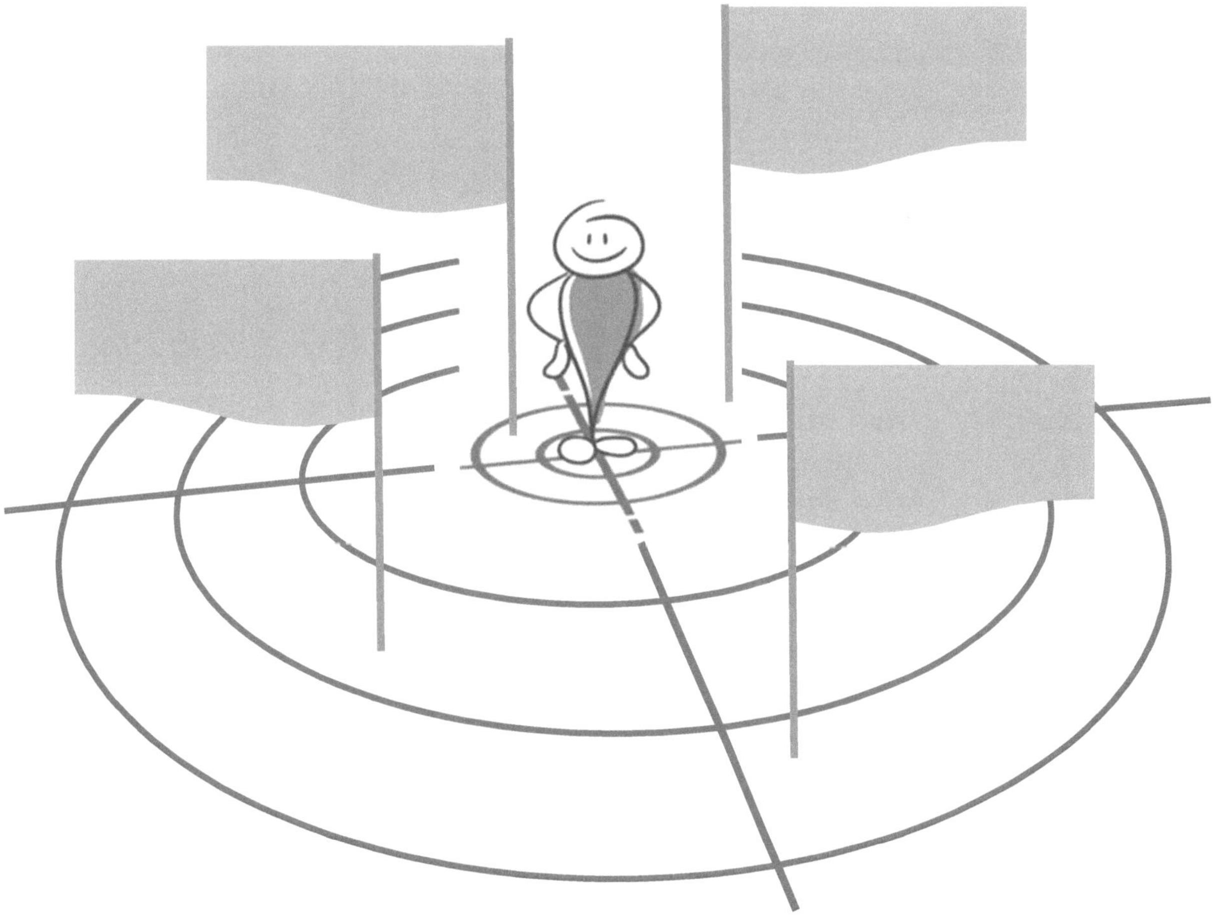

Platz für eigene Notizen oder Anregungen aus dem Kurs:

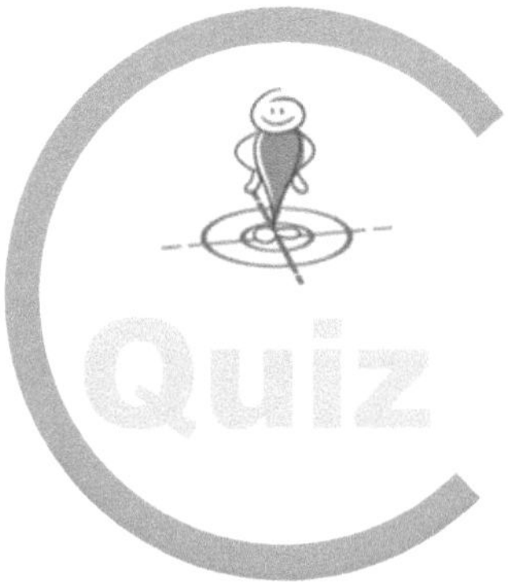

Hier kannst du dein Wissen zum Thema Distanzen überprüfen.
Kreuze die richtigen Antworten an. Bei einigen Fragen sind mehre Antworten richtig. Die Lösung findest du am Ende der Seite.

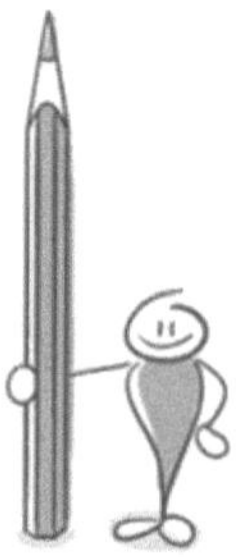

Die „Kölner Armlänge“ entspricht einem Abstand von etwa …

☐ 120 cm ☐ 100 cm ☐ 40 – 50 cm

Welcher Distanz entspricht ein Abstand von mehr als drei Metern?

☐ Soziale Distanz ☐ öffentliche Distanz ☐ Intime Distanz

Die meisten Menschen erleben Personen in diesem Bereich als unproblematisch. Es handelt sich um die ideale Entfernung, wenn man mit einer Gruppe kommuniziert. Um welche Distanz handelt es sich?

☐ Öffentliche Distanz ☐ Soziale Distanz ☐ Persönliche Distanz

Jeder Mensch hat unterschiedliche Distanzbedürfnisse. Es ist ganz entscheidend diese zu erkennen und sie zu respektieren. Mangelnde Distanz kann …

☐ beim Gegenüber Stress auslösen. ☐ provokativ wirken. ☐ teilweise beim Gegen über an der Körpersprache abgelesen werden.

Wie groß ist die öffentliche Distanz?

☐ 120 cm ☐ 120 – 300 cm ☐ Ab 300 cm

Lösungen: Die Kölner Armlänge entspricht einem Abstand von 0 – 60 cm. Den Abstand von mehr als 300 cm nennt man soziale Distanz. Die öffentliche Distanz ist geeignet um mit einer Gruppe zu kommunizieren. Mangelnde Distanz wirkt provokativ, löst Stress aus und kann bisweilen an der Körpersprache abgelesen werden. Von der öffentlichen Distanz spricht man bei einem Abstand von 300 cm und mehr.

Der Einsatz deiner Stimme

Deine Stimme kommuniziert nicht nur den Inhalt einer Nachricht. Viele Aspekte, die mit deiner Stimme zu tun haben, geben auch Auskunft darüber, in welchem Zustand du dich befindest. Dazu gehören zum Beispiel Tonlage, Sprechtempo, Artikulation, Modulation und Lautstärke. Im Kurs erarbeiten wir mit dir, auf welche Weise du deine Stimme einsetzen kannst, um Grenzen unmissverständlich deutlich zu machen. Wir wissen, dass ein leises, eingeschüchtertes Nein vom Täter bereitwillig ignoriert wird, nach dem Motto: Das Nein ist in Wirklichkeit ein Ja.

Deckungsgleichheit von Körpersprache, Stimme und gesprochenem Wort

Deswegen müssen Stimme, Inhalt der Nachricht, aber auch Körpersprache deckungsgleich sein. Der Mensch nimmt nur etwa 10 % über das Schmecken und Riechen war. Tiere können Angst beispielsweise riechen. Immerhin 20 % der Wahrnehmung des Täters setzen sich aus Fühlen und Hören zusammen. Den Löwenanteil der menschlichen Wahrnehmung nimmt das Sehen ein, nämlich 70 %.

Das zeigt uns, dass alle drei Faktoren, nämlich Inhalt der Nachricht, Klang der Stimme und Körpersprache stimmig (deckungsgleich) sein müssen. Wenn deine Nachricht an den Täter lautet: „Stopp, lassen Sie mich in Ruhe!", dann darf dein Körper nicht versehentlich etwas anders ausdrücken, zum Beispiel Unsicherheit. Der Täter hört zwar vielleicht das Nein, aber wenn deine Körperhaltung dabei Unsicherheit ausdrückt, könnte er aus seiner Wahrnehmung deines Auftretens schließen, dass du zwar einerseits Nein sagst, aber aufgrund der Unsicherheit in deiner Körpersprache vielleicht noch nicht so sicher bist, wie ernst du es mit deinem „Nein" meinst. Du wirst deinem Gegenüber also in Zukunft entschlossen deine Grenze mitteilen. Dafür benötigst du ein oder zwei Sätze, mit denen du dich wohl fühlst und die deinem Naturell entsprechen. Mit ihnen soll im Ernstfall unmissverständlich klar werden, was du möchtest und was nicht.

Wir machen uns das Wissen zu Nutze, dass kurze, knappe Sätze im Imperativ, also der Befehlsform, wesentlich besser gehört und verstanden werden als zu komplizierte Sätze. Du musst dir darüber klar werden, dass Hören und Verstehen nicht gleichzusetzen sind. Hören ist die reine Sinneswahrnehmung einer Äußerung, während das Verstehen eine Denkleistung impliziert, nämlich das Auffassen dessen, was inhaltlich kommuniziert wurde.

Ein Nein soll laut und deutlich ausgesprochen werden. Auch Dritte (mögliche Zeugen), die in der Situation nicht beteiligt sind, dürfen es hören, wenn Grenzen behauptet werden, sofern mit einem gewalttätigen Überschreiten der Grenzen gerechnet werden muss. Du musst natürlich situationsangepasst handeln. Vor allem in Situationen der Selbstbehauptung und Selbstverteidigung ist es gut, wenn auch unbeteiligte Dritte dein „Nein" hören können.

Hilfen für eine klare Kommunikation des Sprachinhaltes

Wir möchten dir für den Fall der Fälle einige Sätze an die Hand geben, die in verschiedenen Situationen von dir verwendet werden können. Achte aber darauf, dass sie für dich akzeptabel sind. Du wirst schnell herausfinden, dass jede Frau ihren eigenen „Lieblingssatz“ entwickelt.

Wichtig: Es sollen keine hochtrabenden und ansprechenden Sätze sein. Der Täter muss verstehen, was er tun oder lassen soll, und andere Zeugen sollen auf die Situation aufmerksam werden. Kein Täter möchte erwischt werden bei seinem Vorhaben. Deswegen sind Lärm und das Herstellen von Öffentlichkeit sehr wichtig.

Rufe also laut:
„Gehen Sie weg!“
„Fassen Sie mich nicht an!“
„Lassen Sie los!“
„Stopp, lass mich in Ruhe!“
„Finger weg!“
„Hören Sie auf!“
... dein Vorschlag?

Welchen Satz möchtest du verwenden? Wenn du schon eine Idee hast, notiere den Satz hier für dich. Du kannst ihn jederzeit anpassen oder austauschen. Es ist uns wichtig, dass du jetzt aktiv wirst und für dich mit unserer Hilfe Wege findest, vorbeugend etwas für kritische Situationen zu tun.

Mein Satz:

____

____

____

Alternative:

____

____

____

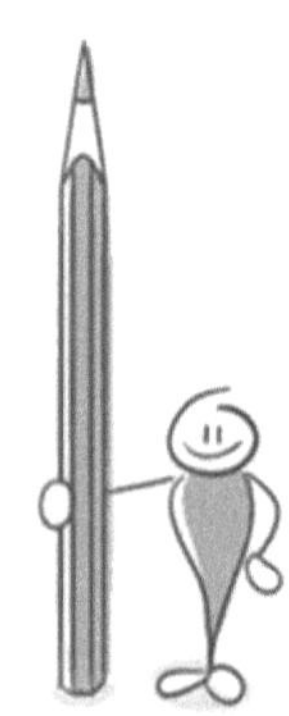

So kommunizierst du mit deiner Stimme unmissverständlich

- ✓ Sprich laut und deutlich. Schreie notfalls.
- ✓ Verleihe deiner Stimme Nachdruck.
- ✓ Sprich nicht zu schnell.
- ✓ Lass deine Stimme im Ernstfall nicht freundlich, sondern bestimmt klingen.
- ✓ Passe deine Lautstärke und den Tonfall deinem Gegenüber an. Spiegele dein Gegenüber.

Deinem Gegenüber muss klar sein, dass du das, was du sagst, auch genauso meinst.

Weitere Tipps zur Kommunikation von Grenzen

Lass dich nicht in Gespräche mit dem Täter verwickeln. Gehe nicht auf Fragen (Kino, Bar, Theke, Nachhause bringen, ...) ein. Bleibe hartnäckig bei deinem Lieblingssatz und wiederhole ihn wie ein Papagei. Du bist nicht in der Pflicht, wortgewandt auf dein Gegenüber zu reagieren. Gehe nicht auf Provokationen ein und vermeide selbst ebenfalls Provokationen. Wenn du wie ein Papagei bei deinem Satz bleibst und diesen hartnäckig und immer wieder laut wiederholst, kann es sein, dass ein möglicher Täter von seinem Vorhaben abweicht und geht.

Eine erste verbale „Anmache“ dient dem Täter dazu, deine Reaktion mit seinen vorherigen Beobachtungen abzugleichen. Ein Täter sucht keine Frau zum Kräftemessen sondern ein Opfer. Sie zeichnen sich durch typische Opfersignale aus, die wir später besprechen werden. Ein Täter wählt also in den meisten Fällen sein Opfer danach aus, ob er davon ausgehen kann, dass es sich nicht wehren wird.

Wenn du ausgewählt wurdest, solltest du unbedingt darauf achten, keine Opfersignale auszusenden, sondern stattdessen klar deine Grenzen kommunizieren. Dann wird dem Täter vielleicht im letzten Moment schlagartig klar, dass er sich in dir geirrt haben muss. Das kann unter Umständen schon dazu führen, dass er von seinem Vorhaben ablässt.

Der Einsatz deiner Körpersprache

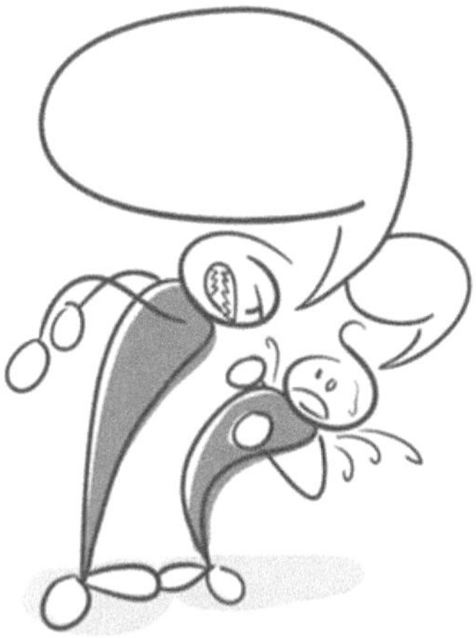

Dein Körper „spricht“, auch wenn du gar nichts sagst. Man kann nicht nicht kommunizieren. Dein Körper drückt nonverbal aus, wie du dich fühlst und ob du zum Beispiel etwas befürwortest oder ablehnst, ganz ohne, dass du dazu etwas verbal mitteilen müsstest.

Für den Fall der Selbstbehauptung ist es ganz wichtig, dass dein Körper das ausdrückt, was du sagst und meinst. Im Kapitel „Der Einsatz deiner Stimme“ haben wir dies bereits angesprochen.

Wir unterscheiden in unseren Kurs zwischen Arten von Körpersprachen, die entweder Unsicherheit oder Sicherheit und Selbstbewusstsein durch die Körperhaltung ausdrücken.

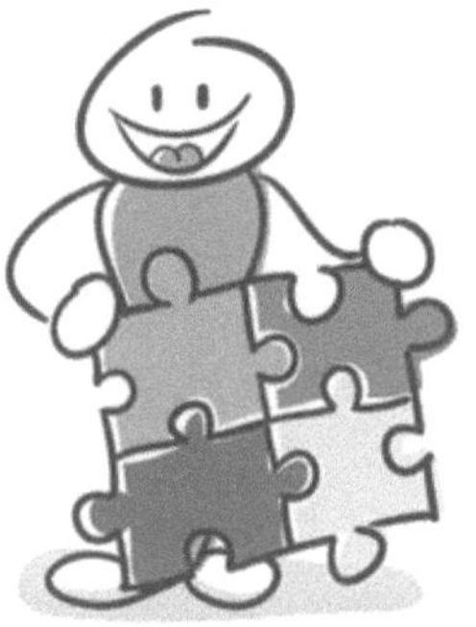

Wir möchten dich einladen, dir noch einmal Gedanken darüber zu machen, was wir im Kurs dazu besprochen haben. Dabei bettest du wichtiges Wissen zur Körpersprache in deine Wissensnetze ein und festigst es. Es wird dir zu Gute kommen, bei deinen zukünftigen Übungen im Kurs, denn dein Gehirn greift auf intensiv Gelerntes schneller und sicherer zu als auf Wissen, das nur einen kurzen Aufenthalt im Kurzeitgedächtnis genossen hat. Du wirst sehen, dass dich auch diese theoretischen Überlegungen dabei unterstützen, mit Hilfe einer selbstbewussten Körpersprache sich anbahnende Konflikte im Vorfeld zu entschärfen. Das gilt im Übrigen nicht nur für den Verteidigungsfall, sondern auch in Familie, Partnerschaft, Freizeit oder Beruf. Überall dort, wo Menschen zusammen leben und arbeiten, gibt es Missverständnisse und Konfliktpotenzial. Dein bewusster Einsatz der Körpersprache kann dir in allen Lebenslagen hilfreich sein.

Auf der Folgeseite findest du einen Arbeitsbogen zur Körpersprache. Erinnere dich an die Kursinhalte und sortiere die einzelnen Begriffe in die Blanko-Übersicht ein. Die Lösung findest du wiederum eine Seite weiter.

Arbeitsbogen 1: Deine Körpersprache bewusst einsetzen

Aufgabe: Ordnung in das Durcheinander bringen

Die folgenden Begriffe gehören an der richtigen Stelle in das vorgegebene Schema. Drei haben wir zur Orientierung bereits platziert:

~~Körperhaltung~~ – ~~offen~~ - ~~verschlossene~~ – klar, laut, fest, deutlich, verständlich – Arme – gesenkter ausweichender – Stimme – offen, entspannt – krampfhaft verschränkte – Blick – unsichere, leise, zitternde, bebende – verkrampfte (Unsicherheitsgesten, z.B. an den Haaren oder an Schmuck spielen, schwacher Händedruck) – Rumpfmuskulatur – offen, fest, auf Augenhöhe (Entschlossenheit) – zusammengezogene – entspannter, gerader Rücken – locker seitlich hängend.

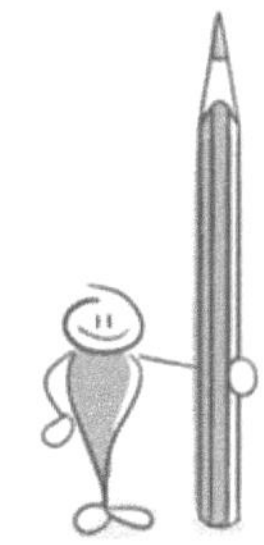

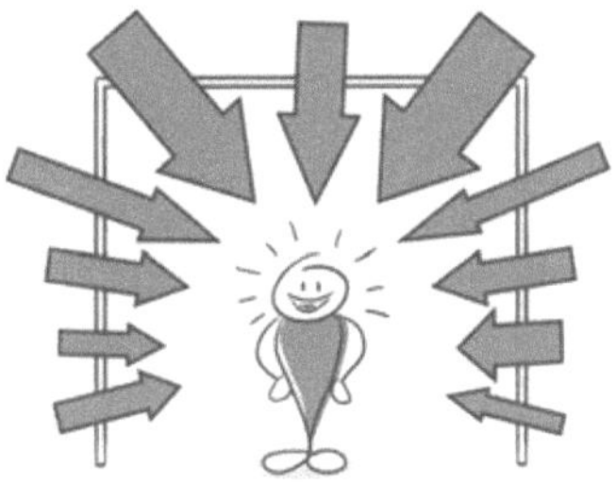

Unsicherheit		**Sicherheit**
verschlossene	Körperhaltung	offen

Die Lösung findest du auf der nachfolgenden Seite!

Arbeitsbogen 1: Lösung – Deine Körpersprache bewusst einsetzen

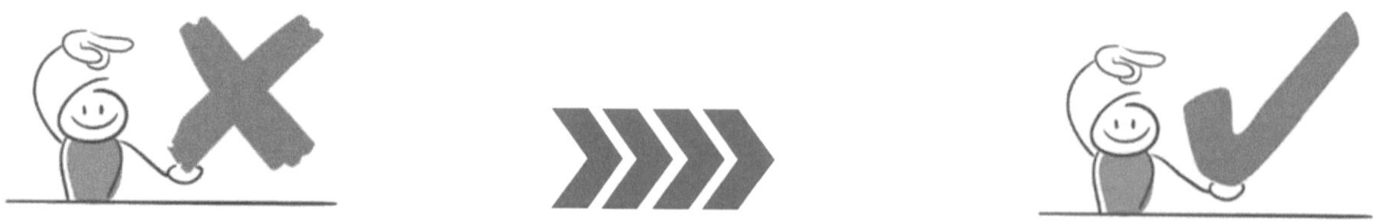

Unsicherheit		**Sicherheit**
Verschlossene	**Körperhaltung**	Offen
zusammengezogene	**Rumpfmuskulatur**	entspannt, gerader Rücken
krampfhaft verschränkte	**Arme**	hängen seitlich locker herab, entspannt
Verkrampfte (Unsicherheitsgesten, z.B. am Schmuck spielen)	**Hände**	offen, entspannt
Gesenkter, ausweichender	**Blick**	offen, fest, auf Augenhöhe (Entschlossenheit)
Unsichere, leise, zitternde, bebende	**Stimme**	klar, laut, deutlich, verständlich fest

Erkennst du sichere und unsichere Körpersprache bei dir selbst oder bei anderen? Kannst du beim Beobachten zuverlässig benennen, was sicher und unsicher wirkt? Dann wird es Zeit für die folgenden Übungen. Sie werden dir mit diesem Vorwissen sicherlich zu einigen Erkenntnissen verhelfen.

Aufgabe: Beim Einkaufen

Wenn du das nächste Mal im Gedränge, in einem Supermarkt oder in einer Fußgängerzone, unterwegs bist, achte auf eine selbstbewusste Körpersprache, auch wenn dir vielleicht nicht danach ist. Gehe aufrecht, mit gerade gestrecktem Rücken und blicke die Entgegenkommenden kurz an. Gehe weiter deines Weges und stelle dir vor, dass du eine starke, selbstbewusste Frau bist, die erfolgreich ihren Weg fortsetzt. Lasse dich nicht von Entgegenkommenden schon etliche Meter vor der eigentlichen Begegnung zum Ausweichen zwingen, sondern versuche selbstbewusst weiterzugehen. Das wird dir am Anfang möglicherweise schwer fallen. Versuche es trotzdem und du wirst merken, dass nicht du diejenige bist, die immer allen ausweicht. Auch dir werden bei dieser selbstbewussten Körpersprache manche Personen ausweichen und den Weg frei machen. Nimm eine selbstbewusste Haltung an und du wirst merken, dass du dich nach kurzer Zeit auch selbstbewusster fühlst.

Trainiere den Einsatz der Körpersprache nicht nur in deinem Frauenselbstverteidigungskurs, sondern integriere dieses Wissen auch in deinen Alltag. Du hast erfahren, wie deine Körpersprache Sicherheit beziehungsweise Unsicherheit ausdrückt. Im nächsten Schritt zeigen wir dir, wie du Körpersprache während einer Gesprächssituation entschlüsseln kannst. Du weißt ja bereits, dass der Körper immer „spricht“. Achte bei einem Gespräch darauf, was der Körper deines Gesprächspartners verrät.

Was der Körper deines Gegenübers in einem Gespräch verrät

Fußstellung

- Beide Füße als Trichter frontal vor ihm: Blockiert den Fluchtweg: „An mir kommst du nicht vorbei!“ Diese Stellung läuft also auf eine Blockierung des „Fluchtweges“ heraus.
- Ein Fuß zeigt frontal auf den Gegenüber, der andere Fuß zeigt belanglos mit der Fußspitze an der Person seitlich vorbei: offene, interessierte Position für Smalltalk.
- Zeigen beide Füße frontal auf eine Person, signalisiert dies oft die direkte Gesprächssuche. Es erfolgt eine körperliche Ausrichtung am Gegenüber.
- Zeigen beide Füße an der gegenüberliegenden Person vorbei und / oder werden Hände nur im Vorbeigehen geschüttelt, hat es die Person eventuell eilig oder ist an einer Kommunikation nicht interessiert.

Blick

- Weicht eine Person mit ihrem Blick nach unten aus, kann dies Unsicherheit und Angst ausdrücken, vor allem in Kombination mit anderen Signalen der Opferhaltung.
- Ein an der Kopfhöhe des anderen ausgerichteter Blick signalisiert Präsens.
- Fixiert eine Person ihr Gegenüber länger als üblich, kann in Kombination mit anderen körpersprachlichen Aspekten davon ausgegangen werden, dass diese Person auf der Suche nach Konfrontation ist.

Kopfhaltung

- Ist die Kopfhaltung gesenkt, deutet das auf ein Ausweichen hin.
- Der gerade ausgerichtete Kopf signalisiert Interesse, Neugier, aber auch (in Abhängigkeit vom Blick) die Suche nach Konfrontation.
- Trägt jemand seine Nase höher als der Gegenüber, wirkt das im wahrsten Sinne des Wortes „hochnäsig“ und überheblich.
- Wird der Kopf in Kombination mit einem entsprechenden Blick von oben herab an einer Person ausgerichtet, so kann von einem bewussten Einschüchterungsversuch ausgegangen werden, auch um eventuell zu drohen. Dieses Gebaren gehört zum typischen Ritualverhalten.

Körperhaltung:

- Ein aufrechter Stand deutet auf ein Interesse an der Umgebung hin und wirkt neutral.
- Ein zusammengefallener Schultergürtel kann Müdigkeit bedeuten, aber wird meist als Unsicherheit interpretiert. Jemand macht sich vor einer anderen Person klein.

Armhaltung:

- Gerade herabhängende Arme lassen auf Offenheit schließen, auch auf Neutralität.
- Werden die Hände auf die eigene Hüfte abgestützt, kann man dies ebenfalls als Offenheit und Interesse für das Gegenüber verstehen. Grundsätzlich signalisiert diese Haltung Bereitschaft, für was auch immer.
- Hände hinter dem Rücken zu verstecken zeigt meist an, dass hier etwas verborgen werden soll.
- Ein enges Verschränken der Hände und Arme vor der Brust kann zum einen Unsicherheit, aber zum anderen auch Ablehnung bedeuten.

Händedruck zur Begrüßung:

- Sind die Handhaltung und der Gegendruck dem Gegenüber angepasst, sprechen wir von einer Begegnung auf Augenhöhe.
- Wenn eine Person ihre eigene Hand unter die des Gegenübers dreht, spricht man von einer Unterwürfigkeitsgeste, vor allem bei einem schwachem Händedruck. Das gilt auch für die Situation, dass sich eine Person die Hand in diese Position drehen lässt.
- Wenn das Gegenüber die Hand einer Person bewusst mit Druck nach außen unten dreht, übt und drückt sie Macht aus. Eine solche Geste wird mit Unterdrückung des Gegenübers und einer Klarstellung der eigenen Dominanz interpretiert.

Noch mehr praktische Übungen zur Körpersprache für Zuhause

Im Verlauf des Kurses wirst du verschiedene Übungen kennenlernen, um mehr über deine Körpersprache in unterschiedlichen Situationen zu erfahren. Erste Übungen im Kurs sorgen im Allgemeinen für viel Heiterkeit. Auch wenn du dir vielleicht im ersten Moment unsicher bist, gib nicht zu früh auf und tue die Übungen nicht als lästig ab. Sie sind wichtig, damit du ein Gefühl für deine Körpersprache entwickelst. Solltest du dich in unserem Kurs trotz der ungezwungenen Atmosphäre dennoch nicht auf die Übungen einlassen können, empfehlen wir dir, dich in Ruhe zu Hause noch einmal damit auseinanderzusetzen.

Aufgabe: Spieglein, Spieglein an der Wand

Sorge dafür, dass du ungestört bist. Stelle dich vor einen Spiegel, sodass du dein Gesicht gut sehen kannst. Ideal sind große Spiegel, in denen du dich vollständig betrachten kannst.

Die erste Übung sieht vor, dass du dir selbst einen Moment in die Augen schaust. Zähle dabei gedanklich bitte rückwärts und langsam von Zehn bis Null oder stelle dir für 10 Sekunden eine Uhr. Während dieser kurzen Zeit darfst du den Blick nicht abwenden. Schaue dir ausschließlich in die Augen und betrachte sie.

Wie hast du dich dabei gefühlt?

Wir wissen aus Erfahrung, dass diese einfache Übung einigen Frauen überhaupt nicht so leicht fällt, wie sie sich zunächst anhört. Der Grund ist schnell gefunden: Manchen Menschen fällt es schwer, einem Gegenüber wirklich in die Augen zu sehen. Die Ursache dafür ist darin begründet, dass es eine Angst davor gibt, dass man auf diese Weise das Innerste seiner selbst verrät und man sich davor fürchtet, dass der andere einem bildlich von den Augen ablesen kann, wie es einem geht. Darum weichen vor allem eher unsichere Menschen dem Blick anderer aus und meiden ihn.

In der Unterrichtseinheit Körpersprache hast du aber gelernt, wie elementar wichtig es ist, den Kopf aufrecht zu tragen und den anderen Menschen mit einem kurzen Blick in die Augen zu begegnen.

Aufgabe: Spiegelbild 2

Führe diese Übung nun erneut durch und verlängere die Übungszeit auf eine Minute. Hat sich für dich etwas an der Übung verändert?

Die Wirkung deiner Kleidung

Im Unterrichtsmodul Körpersprache hast du gelernt, dass die Wahrnehmung über das Sehen den Löwenanteil, nämlich über 55 % an der Gesamtwahrnehmung einer Person, ausmacht. Da deine Kleidung als optischer Reiz zu diesem Bereich gehört, der von deinem Gegenüber besonders intensiv wahrgenommen wird, ist es sinnvoll, dass du dir die Wirkung deiner Bekleidung bewusst machst. Sie spielt eine entscheidende Rolle bei der Einschätzung deiner Person. Wir nehmen zuerst wahr, was uns an einer Person auffällt, und das ist in den meisten Fällen die Kleidung.

Kleidung hat grundsätzlich immer Signalwirkung und deswegen ist es erforderlich, dass du dir erst bewusst machst, was du ausstrahlen oder signalisieren möchtest, und dementsprechend solltest du dann deine Bekleidung wählen.

Manche Frauen machen sich zum Beispiel besonders hübsch und tragen aufreizende Kleidung, weil sie sich darin wohl fühlen. Sie bedenken aber nicht, dass das Tragen solcher Kleidung das Interesse von Männern wecken kann, auch wenn sie das vielleicht gar nicht beabsichtigt hatten.

Dieser Umstand bedeutet nun nicht, dass du darauf verzichten muss, dich schick zu machen, nur um nicht angesprochen zu werden. Du sollst dir lediglich bewusst machen, welche Wirkung dein gewähltes Outfit haben kann und überlegen, wie du auf dein Gegenüber wirken möchtest.

Sehr gepflegtes Äußeres und ordentliche Kleidung lassen zum Beispiel auf Gewissenhaftigkeit und Zielstrebigkeit schließen.

Welche Kriterien spielen wohl täglich bei der Auswahl deiner Kleidung eine Rolle, abgesehen von passender Größe und gutem Sitz?

____

____

____

____

Lösungsansatz:

Welche Erwartungen haben andere Menschen an meine Kleidung (Dresscode auf der Arbeit, Kunden, Vorgesetzter, ...)? In welchem Umfeld bewege ich mich (privat, öffentlich, ...)?

Gefahrenradar

Der Gefahrenradar warnt dich, bevor eine Situation unangenehm wird. Es ist der Eindruck deiner Sinne, der ausgewertet wird. Dabei werden verschiedene Aspekte berücksichtigt:

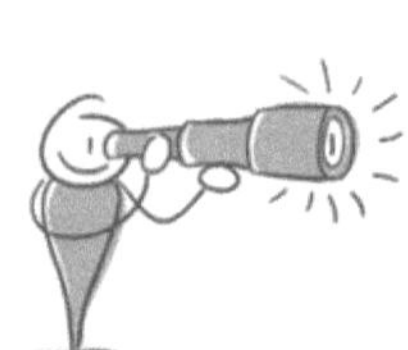

Tageszeit,
Situation,
Anwesende Tiere (z.B. Hunde) oder Menschen,
Räumlichkeit / Ort (Gaststätte, Parkplatz, ...),
...

Über deine Sinne nimmst du alle relevanten Aspekte wahr und der Gefahrenradar wertet sie, jeden einzelnen, aus. Dabei spielt das sogenannte Bauchhirn eine bedeutende Rolle. In Sekundenbruchteilen durchlaufen alle Sinneseindrücke einen Filter, der abgleicht, ob aus der Gesamtsituation eine Gefahr für dich ausgeht. Sobald etwas nicht stimmig erscheint, meldet sich dein „Bauchgefühl", wir nennen es auch Intuition. Manchmal kannst du nicht erklären, was an einer Situation besonders ist, aber du spürst sehr wohl, dass etwas deine Aufmerksamkeit erregt.

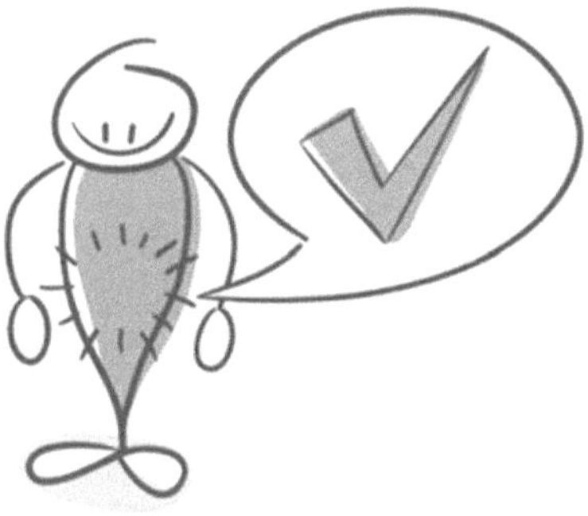

Wir wollen dir vermitteln, dass es richtig und wichtig ist, auf dieses „Bauchgefühl" zu hören. Wir bewerten Situationen anhand eigener Erfahrungen, der Erfahrungen anderer Personen und anhand unseres Wissens und der Allgemeinbildung. Deswegen reagiert der Gefahrenradar bei Menschen unterschiedlich sensibel. Frauen, die Gewalt erfahren haben, nehmen eine gleiche Situation im Kurs oftmals anders wahr als eine unvorbelastete Frau.

Selbstbewusstsein & Selbstvertrauen

Beide Begriffe spielen im Zusammenhang mit der Selbstbehauptung und Selbstverteidigung eine große Rolle. Wenn du über eine gute Portion Selbstvertrauen und Selbstbewusstsein verfügst, wird es dir leichter fallen, deine Grenzen zu kommunizieren und zu behaupten. In einer Selbstverteidigungssituation wird dir Selbstvertrauen helfen, dich zu wehren und für deine Rechte einzutreten.
Nun bist du aber an der Reihe! Was bedeutet Selbstbewusstsein?

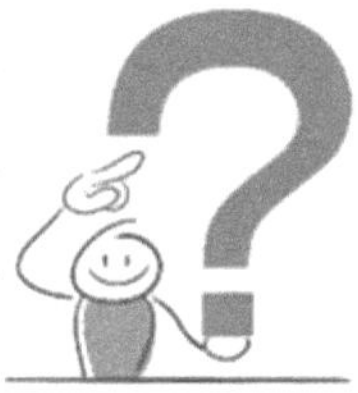

Wir möchten von dir wissen, was Selbstvertrauen ist. Notiere in Stichworten eine Erklärung des Begriffes.

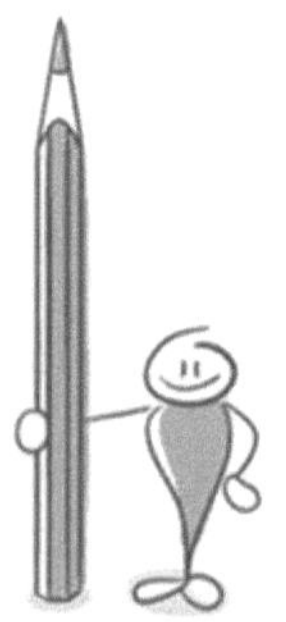

Jetzt übertragen wir dein allgemeines Wissen zu Selbstvertrauen und Selbstbewusstsein auf deine Lebenswirklichkeit. Es gibt so genannte Fertigkeiten und Fähigkeiten. Wir wollen von dir gerne wissen, welcher Fähigkeiten du dir bezüglich deiner Selbstbehauptung und Selbstverteidigung bewusst bist. Natürlich ist der Kurs noch nicht abgeschlossen, aber es ist nun an der Zeit, bereits darauf zu schauen, was dir diesbezüglich bewusst ist. Sieh diese Betrachtung als einen „Zwischenstopp" an, um kurz innezuhalten und zu sehen, über welche Fähigkeiten und Fertigkeiten du dir jetzt schon bewusst bist:

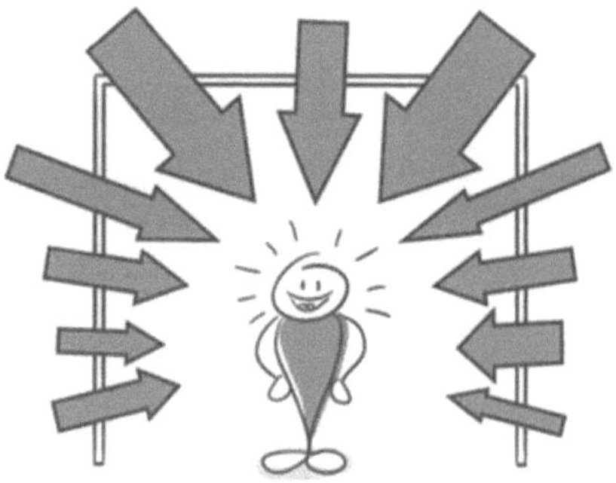

Vielleicht bist du nun erstaunt darüber, dass die Zeilen doch nicht so leer geblieben sind, wie du im ersten Moment möglicherweise gedacht hast. Wir wollen dich ermutigen, dir immer wieder ins Bewusstsein zu rufen, dass du bereits einiges im Kurs gelernt hast. Das Erlernen und Festigen von Selbstbehauptungs- und Selbstverteidigungstechniken benötigt Zeit. Deswegen ist es wichtig, dass du deine Zeit bei uns sinnvoll nutzt und mitarbeitest, denn wir können dich bei den praktischen Übungen nur anleiten und motivieren. Trainieren musst du schon selbst.

Erinnere dich, worin der Unterschied zwischen Fähigkeiten und Fertigkeiten besteht. Notiere in Stichworten.

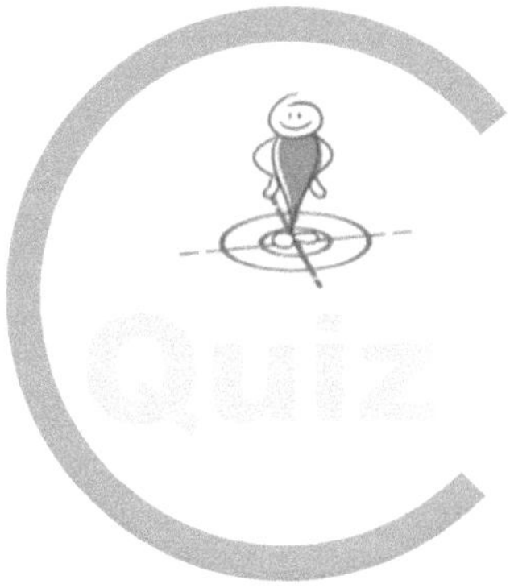

Hier kannst du dein Wissen zum Thema Gefahrenradar überprüfen.
Kreuze die richtigen Antworten an. Bei einigen Fragen sind mehre Antworten richtig. Die Lösung findest du am Ende der Seite.

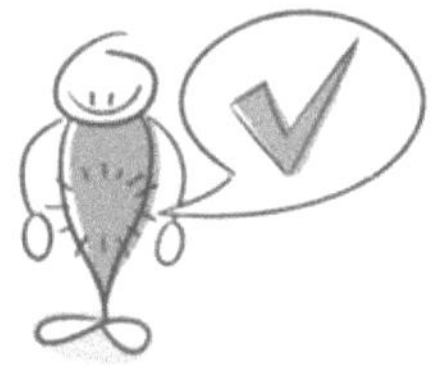

Der Gefahrenradar bezieht sich auf folgende Aspekte:

- ☐ Raum, Ort, Situation, Tageszeit.
- ☐ Ort, Zeit, Tiere, Kleidung, Personen, Situation.
- ☐ Tiere, Menschen, Ort, Zeit, Situation.

Unter dem Gefahrenradar versteht man auch ...

- ☐ Das Bauchhirn
- ☐ Die Intuition
- ☐ Das Bauchgefühl

Wann meldet sich der Gefahrenradar?

- ☐ Wenn einem etwas nicht stimmig erscheint.
- ☐ Wenn es dunkel wird.
- ☐ Sobald wir mit anderen Menschen in Kontakt kommen.

Mittels Gefahrenradar bewerten wir Situationen ...

- ☐ Oftmals vorschnell als gefährlich.
- ☐ Anhand eigener Erfahrgen, der Allgemeinbildung und unseres Wissens.
- ☐ Erst nach einer Kampfhandlung.

Der Gefahrenradar ...

- ☐ erregt bei Bedarf deine Aufmerksamkeit.
- ☐ filtert deine Sinneseindrücke.
- ☐ reagiert unterschiedlich sensibel bei jedem Menschen.

Lösungen:

Der Gefahrenradar bezieht sich auf verschiedene Aspekte: Ort, Zeit, Tiere, Kleidung, Personen, Situation. Bauchhirn, Intuition und Bauchgefühl bezeichnen den Gefahrenradar mit anderen Worten. Dieser meldet sich dann, wenn einem etwas nicht stimmig erscheint.
Die Bewertung durch den Gefahrenradar beruht auf eigenen Erfahrungen, unserem Wissen und der Allgemeinbildung. Er filtert Sinneseindrücke, ist bei jedem unterschiedlich sensibel ausgeprägt und erregt bei Bedarf deine Aufmerksamkeit.

Der Gewaltbegriff

Was ist für dich Gewalt?

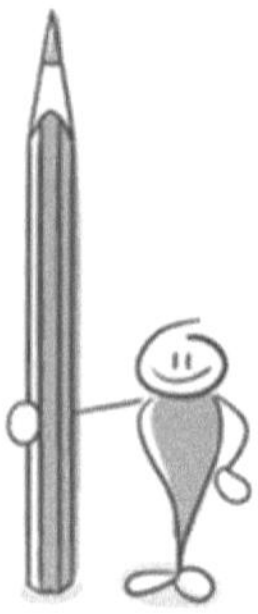

Gewalt kann sich gegen Personen, Tiere oder Gegenstände richten. Juristisch betrachtet sind Tiere keine Lebewesen, sondern Sachwerte, also Gegenstände. Bedroht also ein Mensch das Leben deines Hundes, so handelt es sich im juristischen Sinne um eine Androhung von Gewalt gegen Dinge.

Unter Gewalt verstehen wir jede körperlich wirkende Zwangseinwirkung. Ein Täter wird Gewalt anwenden, wenn er deinen Widerstand, zum Beispiel gegen sexuelle Handlungen, brechen will. Psychischer Zwang reicht dabei nicht aus: Der Täter muss schon körperliche Gewalt anwenden. Für dich ist es wichtig, dass es bei der Gewaltanwendung völlig gleichgültig ist, ob du dich zur Wehr setzt oder vor lauter Angst dazu nicht in der Lage bist. In beiden Fällen wird von Gewalt gegen dich ausgegangen, wobei auch das Alter oder das Geschlecht der beteiligten Personen überhaupt keine Rolle spielen. Auch das Opfer kann also ein Mann sein, wenn eine Frau Gewalt ausübt.

Um den Gewaltbegriff etwas konkreter zu machen, haben wir dir hier einige Beispiele aufgelistet, wann man von Gewalt spricht. Gewalt liegt demnach zum Beispiel vor, wenn

- der Täter dich an deinen Händen oder Handgelenken festhält.
- dir der Weg versperrt wird.
- du in einem verschlossenen Raum eingesperrt wirst.
- du dich wehrst und der Täter deine Hände beiseite drückt, um zudringlich zu werden.
- du von einem Täter in einem Fahrzeug eingesperrt wirst, etwa, weil die Türverriegelung eines Autos betätigt wird.

Auch die Drohung mit einer gegenwärtigen Gefahr für Leib und Leben gehört dazu. Wichtig ist bei dieser Formulierung, dass die Gefahr gegenwärtig sein muss. Wenn der Täter also damit droht, dir irgendwann in ein paar Tagen Gewalt anzutun, dann ist das nicht gegenwärtig. Droht der Täter jedoch damit, dich unmittelbar zu schlagen, wenn du nicht machst, was er will, dann spricht man von einer gegenwärtigen Bedrohung. Ist die Bedrohung mit Gefahr für nahestehende Dritte ausgesprochen worden, etwa für dein Kind oder deine Freundin, dann reicht dies bereits auch für eine Straftat („Halt still, sonst büßt dein Kind dafür").

Befindest du dich in einer hilflosen Lage und wirst dabei ausgenutzt, ist dies ebenfalls strafbar. Gemeint ist damit zum Beispiel, dass du aufgrund des **freiwilligen** Konsums von Alkohol oder anderen Drogen nicht mehr Herrin deiner Sinne bist, sondern hilflos. Dann hat niemand das Recht, diese Situation auszunutzen. Eine hilflose Lage kann aber auch bedeuten, dass deine Schutz- und Verteidigungsmöglichkeiten aufgrund anderer Ursachen reduziert sind, zum Beispiel die Einnahme von medizinisch verordneten Medikamenten. Wenn du vor lauter Angst und Schrecken in eine hilflose Lage gerätst und dir ebenfalls nicht mehr selbst helfen (also dich zur Wehr setzen) kannst, dann hat auch diese Situation niemand auszunutzen.

Prävention

Prävention bedeutet nichts anderes als Vorbeugen. Du beugst möglichen Gefahren vor, indem du einen Frauenselbstverteidigungskurs besuchst, schwimmen lernst, um nicht zu ertrinken, oder einen Feuerlöscher besorgst, für den Fall, dass es zu Hause brennt. Präventive Maßnahmen haben alle gemeinsam, dass sie vor dem Eintreten einer Situation stattfinden, damit im Fall der Fälle situationsangepasstes und sinnvolles Handeln erleichtert wird.

In unseren Kursen legen wir großen Wert auf solche vorbeugenden Maßnahmen. Es geht nicht darum, dich zu ängstigen oder Horrorszenarien auszumalen. Eine realistische Betrachtung möglicher Szenarien hilft dir, in brenzligen Situationen zielgerichtet zu handeln. Aus diesem Grund erarbeiten wir mit dir im Basiskurs Frauenselbstverteidigung zunächst allgemeine Hilfen, und diese werden in unseren Aufbaukursen dann wiederholt und vertieft. Schließlich haben wir dort auch Gelegenheit, besondere Szenarien anzusprechen, für die im Basiskurs nicht die notwendige Zeit vorhanden ist.

Durch angepasstes Verhalten deinerseits können mögliche Gefahrenquellen minimiert werden. Du kannst einiges dafür tun, um nicht als Opfer einer Straftat ausgewählt zu werden. Bereite dich gedanklich, aber auch körperlich auf einen möglichen Angriff vor. Dadurch hast du dann einen größeren Handlungsspielraum, falls du in eine solche Lage gerätst. So kannst du dich im Ernstfall optimal verteidigen.

Allgemeine verhaltensorientierte Prävention

- Tritt sicher und selbstbewusst auf. Nutze deine Körpersprache!
- Bewege dich bewusst in deiner Umwelt und nimm den Gefahrenradar ernst.
  Achte und höre auf dein „Bauchgefühl".
  Nimm Verletzungen der Intimsphäre wahr und reagiere angemessen.
- Stelle dich in unklaren Situationen auf einen möglichen Konflikt und auf eine Auseinandersetzung ein.
- Beeinflusse deine Selbstwahrnehmung und deine Selbsteinschätzung dahingehend, dass du gut aus der Situation herauskommen wirst. Es ist sehr wichtig, dass du nicht schon im Vorfeld aufgibst, sondern für dich deine Werte und Überzeugungen einsetzt, aber vor allem auch für deine Rechte kämpfst, wenn es darauf ankommt und eine Flucht nicht möglich ist. Jeder vermiedene Kampf ist ein gewonnener Kampf, aber wenn du kämpfen musst, dann nicht halbherzig, sondern mit all deiner Kraft!
- Du hast viel gelernt und kennst die beiden wichtigsten Ziele: Augen und Genitalien. Du wirst im Laufe einer Kampfhandlung Gelegenheit bekommen, eines der beiden Ziele massiv zu attackieren und aus der Situation herauskommen.
- Frei nach unserem Motto „Sicherheit vor Höflichkeit" entscheide situationsabhängig, ob du deinem Gegenüber die Hand geben willst oder nicht.

- Bei dir liegt jederzeit die Entscheidungshoheit zu tun oder auch zu lassen, was du möchtest. Niemand kann dir diese Entscheidungshoheit abnehmen.

Allgemeine Prävention Zuhause

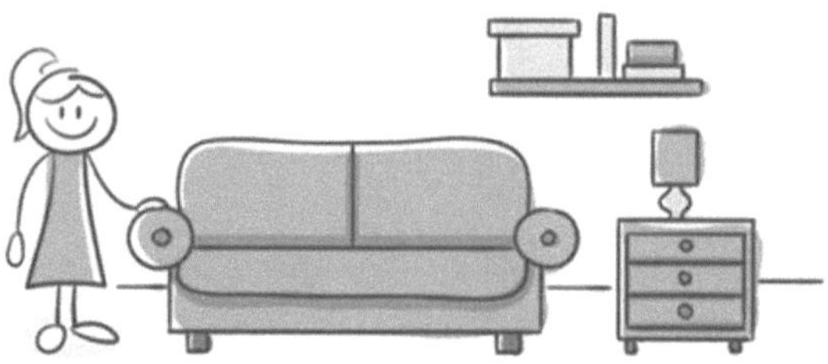

Es ist mit Sicherheit eine gute Idee, wenn du dir um verschiedene Sicherheitssysteme zu Hause Gedanken machst. Damit meinen wir einerseits einbaubare Sicherheitssysteme an Türen und Fenstern, andererseits gehören auch Sicherheitsautomatismen in dein Verhaltensrepertoire, die zu Hause hilfreich sind, um bösen Überraschungen vorzubeugen oder ihnen gut zu begegnen.

- Gibt es bei dir an der Tür einen sogenannten Türspion? Beleuchten spezielle Lampen mit Bewegungsmeldern Personen, die sich in dem durch die Bewegungsmelder „bewachten“ Gebiete bewegen? Gibt es möglicherweise sogar spezielle Schließvorrichtungen oder Türketten, welche verhindern, dass eine Tür von außen einfach aufgerissen werden kann?
- Stehen fremde Menschen vor der Tür, die sich als Handwerker ausgeben, dann überprüfe, von welcher Firma sie sind. Notfalls hilft ein klärender Anruf dort.
- Auch wenn Polizisten oder sonstige behördliche Mitarbeiter Zutritt verlangen, ist unter Umständen Vorsicht geboten. Lass dir den Dienstausweis zeigen und rufe im Zweifelsfall bei der Polizei oder der entsprechenden Behörde an. Man wird Verständnis zeigen, wenn du nicht jeden ins Haus oder in die Wohnung lässt. Solange noch Unklarheit herrscht, solltest du die mit einer Kette gesicherte Tür nicht ganz öffnen.
- Leben männliche Wesen mit dir gemeinsam, ist es sinnvoll deren Namen ebenfalls auf dem Klingelschild anzubringen. Dann ist für Fremde schon gleich zu erkennen, dass hier auch ein Mann wohnt, mit dem zu rechnen ist. Das kann bereits abschreckend wirken.
- Schließlich wollen wir hier noch einmal eine Lanze für eine gute Nachbarschaftspflege brechen. Es ist von großem Vorteil, wenn die wachsame Nachbarschaft aufmerksam ist und sich meldet oder die Polizei verständigt, wenn Verdächtiges geschieht.

Diese Anhaltspunkte sollen dir eine Orientierung geben, was du im Umfeld der Wohnungs- oder Haustür beachten kannst. Leider ist es nicht auszuschließen, dass ein fremder Täter sich in deinem Beisein Zutritt verschafft oder ein guter Bekannter, Nachbar oder Freund unerwartet zum Täter wird, wenn dieser bereits in deiner Wohnung ist – vielleicht, weil er eingeladen wurde oder auf einen kurzen Besuch vorbei kam.
Auch hier gibt es Möglichkeiten, sich vorzubereiten.

Prävention in deinem Zuhause

- Gegenstände im Raum können ohne weiteres als Waffe eingesetzt werden. Du kannst den Täter mit einem Regenschirm im Flur in die Flucht schlagen, jemandem eine Vase, einen Blumentopf, eine Flasche oder ein Buch überwerfen oder damit jemanden schlagen.

- Stelle im Ernstfall Öffentlichkeit her, indem du laut schreiend auf dich aufmerksam machst. Zeige dich, wenn möglich, auch im Flur oder am offenen Fenster, damit Menschen auf dich aufmerksam werden.
- Besteht die Möglichkeit zur Flucht, verlasse das Haus und bringe dich in Sicherheit.
- Ist eine Flucht nicht möglich, sperre dich in einem Raum ein und ruf laut um Hilfe.
- Wirke laut und deutlich mit deiner Stimme auf den Täter ein. Mache ihm unmissverständlich klar, was er soll und was er nicht soll.
- Auch zu Hause gilt: Sicherheit vor Höflichkeit! Wenn du dich nicht mehr wohl oder nicht mehr sicher fühlst, dann muss man nichts aus Höflichkeit tun, weder die Hand schütteln noch eine Umarmung tolerieren. Setze Grenzen!

Belästigung am Telefon

Vielleicht denkst du dir im ersten Moment, dass das ja nicht so schlimm oder bedrohlich sein kann. Wenn du es aber selbst noch nicht erlebt hast und plötzlich mit obszönen Anrufen konfrontiert wirst, dann kann dies eine erschreckende und bedrohliche Erfahrung sein, vor allem mitten in der Nacht. Auch dafür gibt es einige Verhaltensregeln, die dir zielführendes Handeln in der entsprechenden Situation erleichtern sollen.

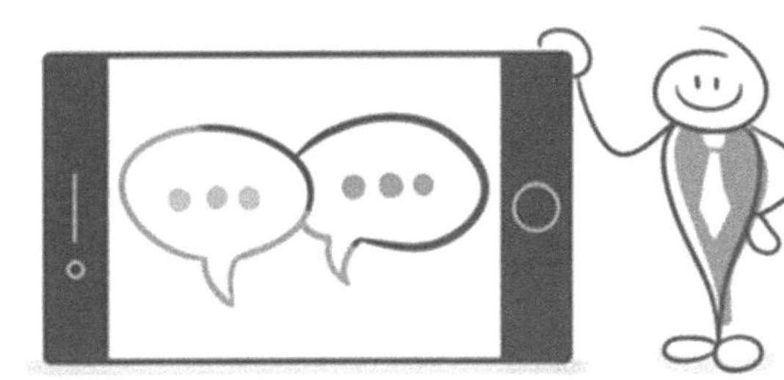

- Lege den Hörer kommentarlos auf und beende das Gespräch. Ein Täter will in so einem Fall meistens Macht ausüben, und wenn du ihm gar nicht erst zuhörst, hat der Täter nichts von seinem Anruf.
- Du kannst natürlich auch unerwartet ins Telefon schreien.
- Gut ist es, einen Anrufbeantworter oder ein anderes Aufzeichnungsgerät einzuschalten, für den Fall, dass sich solche Anrufe häufen.
- Kommt es ganz „dick“, kannst du über das Beantragen einer neuen Nummer, vielleicht sogar einer Geheimnummer nachdenken.
- Die Polizei einzuschalten ist auf jeden Fall eine gute Idee, wenn du häufiger angerufen wirst. Dann fällt dies möglicherweise in die Kategorie Stalking und das ist dann ein Fall für die Polizei.

Belästigung auf der Straße

Eine Belästigung auf der Straße kommt immer mal wieder vor. Manche Frauen reagieren ganz souverän darauf, vielleicht auch, weil sie sich der möglichen Gefahr nicht bewusst sind. Andere Frauen wiederum belastet eine solche Erfahrung sehr und deswegen haben wir auch hierfür einige Hilfen formuliert, die es dir erleichtern sollen, handlungsfähig zu bleiben und zielführend zu deinem Schutz zu reagieren.

- Bewege dich zielstrebig und sicher. Sei aufmerksam und beobachte dein Umfeld. Je fremder die Gegend ist, in der du dich bewegst, umso aufmerksamer solltest du sein.

- Hast du das komische Gefühl, dass dir jemand folgt, solltest du deine Wahrnehmung unbedingt überprüfen, da ein unerwarteter Angriff von hinten sehr gefährlich sein kann. Wir empfehlen dir daher, umgehend die Straßenseite zu wechseln. Ein potenzieller Täter wird dies ebenfalls tun, um dir nachgehen zu können. Spätestens nach dem zweiten Wechsel der Straßenseite kannst du davon ausgehen, dass deine Vermutung nahe liegt, wenn der mögliche Täter erneut mit dir die Seite wechselt. Dann solltest du dich umschauen und, wenn möglich, den Täter anschauen. Dadurch hast du die Person genau gesehen und kannst sie eventuell später beschreiben. Das weiß auch der mögliche Täter und vielleicht lässt er dann von seinem Vorhaben ab, wenn er aus der Anonymität geholt wird. Du weißt ja bereits, dass Täter nicht erwischt werden wollen, sie wollen keine Öffentlichkeit.
- Bei Gefahr auf der Straße solltest du sogenannte „Rettungsinseln" aufsuchen. Damit meinen wir Orte, an denen du Hilfe erwarten kannst und die du dir eventuell sogar vorher aussuchst, bevor du dich auf den Weg machst. Dazu zählen Geschäfte, Freunde, Tankstellen, eben mögliche Zufluchtsorte entlang der geplanten Wegstrecke. Es ist keine Schande, einen solchen Ort aufzusuchen und um Hilfe zu bitten, wenn du das Gefühl hast, verfolgt zu werden.
- Kannst du in einer Gefahrensituation Passanten ansprechen, dann nutze diese Gelegenheit, bevor später keine mehr da sind, die helfen können. Bitte um Hilfe, wenn du in Gefahr bist, und mache die Tat öffentlich.
- Bewege dich in der Dunkelheit auf gut ausgeleuchteten Wegen.
- Wenn dein Bauchgefühl dich warnt, dann lasse dich nicht in ein Gespräch verwickeln.
- Es kann auch hilfreich sein, das Handy heraus zu nehmen und jemanden anzurufen. Dann sieht der mögliche Täter, dass es wohl jemanden gibt, der mithört. Im Zweifelsfall wähle allerdings gleich den Polizei-Notruf 110.
- Schreie einen Verfolger mit lauter Stimme an und stelle auf diese Weise Öffentlichkeit her.
- Nimm Gegenstände als Waffe in die Hand: Autoschlüssel, Schirm, Handtasche, Sporttasche, ... was auch immer du gerade bei dir hast. Auch eine Mülltonne oder ein geparkter PKW zwischen dir und dem Angreifer erschweren dem Täter sein Vorhaben.
- Lässt es die Situation zu, gehe auf ein Haus zu und klingele dort. Auf diese Weise wird dem Verfolger klar, dass jetzt auch andere mitbekommen, dass du verfolgt wirst.

Gefahrensituationen am Auto

Auch im und an einem Fahrzeug kann es zu Gefahrensituationen kommen. Damit du vorbereitet bist, beherzige die folgenden Ratschläge.

- Überlege es dir zweimal, ob du Tramper mitnehmen möchtest. Männliche Tramper mitzunehmen kann für dich als Frau zu einer ernsten Gefahr werden.
- Kommst du auf einsamer Wegstrecke an einem Unfall oder einer Panne vorbei, höre auf dein Bauchgefühl. Leider wird ein solches Szenario immer wieder genutzt, um Menschen zu überfallen und auszurauben. Deswegen bitten wir dich, das Bauchgefühl nicht zu ignorieren. Du kannst einen Notruf absetzen, ohne dafür anhalten zu müssen. Damit hast du deiner Verpflichtung zur Leistung von Erster Hilfe bereits Genüge getan. Du kannst der Polizei und dem Rettungsdienst sagen, dass du als Frau alleine unterwegs bist und dich nicht getraut hast, an der Pannen- beziehungsweise Unfallstelle anzuhalten.

- Entscheidest du dich dazu, anzuhalten, verriegele alle Fahrzeugtüren von innen und öffne das Beifahrerfenster nur einen kleinen Spalt weit. So kannst du dich nach Verletzten erkundigen, ohne aussteigen zu müssen.
- Hast du den Eindruck, dass hier etwas nicht stimmt, fahre sofort weiter (Motor laufen lassen) und rufe sofort die Polizei. Du machst dich deswegen nicht wegen unterlassener Hilfeleistung strafbar!

Du weißt jetzt, dass du jede Menge Dinge berücksichtigen kannst, um Gefahrensituationen gut zu begegnen. Natürlich wissen wir auch, dass man nicht alles im kleinsten Detail durchdenken und vorbereiten kann. Dennoch gehören diese Überlegungen einfach in einen guten Frauenselbstverteidigungskurs. Vorbeugen ist eben besser als Nachsorgen.

Sexualstraftaten aus rechtlicher Sicht

An dieser Stelle nennen wir dir noch einmal die wichtigsten Paragrafen des Strafgesetzbuches (Stand Frühjahr 2017), vor allem im Zusammenhang mit Sexualstraftaten. Du kannst diese Paragrafen und alle Tatbestände im StGB nachlesen oder dich diesbezüglich bei jeder Polizeidienststelle beraten lassen. Bedenke, dass auch hier im Laufe der Zeit Veränderungen vorgenommen werden können. Daher hat diese Zusammenstellung keinen Anspruch auf absolute Aktualität und Fehlerfreiheit. Von folgenden vier Paragrafen solltest du einmal gehört haben:

- § 177 StGB sexuelle Nötigung; Vergewaltigung
- § 183 StGB exhibitionistische Handlungen
- § 185 StGB Beleidigung auf sexueller Grundlage
- § 240 StGB Nötigung

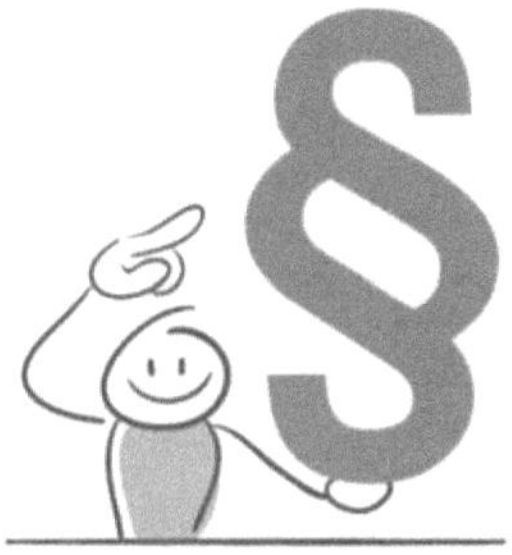

§ 177 StGB Sexueller Übergriff; sexuelle Nötigung; Vergewaltigung

(1) Wer gegen den erkennbaren Willen einer anderen Person sexuelle Handlungen an dieser Person vornimmt oder von ihr vornehmen lässt oder diese Person zur Vornahme oder Duldung sexueller Handlungen an oder von einem Dritten bestimmt, wird mit Freiheitsstrafe von sechs Monaten bis zu fünf Jahren bestraft.

(2) Ebenso wird bestraft, wer sexuelle Handlungen an einer anderen Person vornimmt oder von ihr vornehmen lässt oder diese Person zur Vornahme oder Duldung sexueller Handlungen an oder von einem Dritten bestimmt, wenn …

- der Täter ausnutzt, dass die Person nicht in der Lage ist, einen entgegenstehenden Willen zu bilden oder zu äußern,

- der Täter ausnutzt, dass die Person auf Grund ihres körperlichen oder psychischen Zustands in der Bildung oder Äußerung des Willens erheblich eingeschränkt ist, es sei denn, er hat sich der Zustimmung dieser Person versichert,
- der Täter ein Überraschungsmoment ausnutzt,
- der Täter eine Lage ausnutzt, in der dem Opfer bei Widerstand ein empfindliches Übel droht oder
- der Täter die Person zur Vornahme oder Duldung der sexuellen Handlung durch Drohung mit einem empfindlichen Übel genötigt hat.

(3) Der Versuch ist strafbar.

(4) Auf Freiheitsstrafe nicht unter einem Jahr ist zu erkennen, wenn die Unfähigkeit, einen Willen zu bilden oder zu äußern, auf einer Krankheit oder Behinderung des Opfers beruht.

(5) Auf Freiheitsstrafe nicht unter einem Jahr ist zu erkennen, wenn der Täter

- gegenüber dem Opfer Gewalt anwendet,
- dem Opfer mit gegenwärtiger Gefahr für Leib oder Leben droht oder
- eine Lage ausnutzt, in der das Opfer der Einwirkung des Täters schutzlos ausgeliefert ist.

(6) In besonders schweren Fällen ist auf Freiheitsstrafe nicht unter zwei Jahren zu erkennen. Ein besonders schwerer Fall liegt in der Regel vor, wenn

- der Täter mit dem Opfer den Beischlaf vollzieht oder vollziehen lässt oder ähnliche sexuelle Handlungen an dem Opfer vornimmt oder von ihm vornehmen lässt, die dieses besonders erniedrigen, insbesondere wenn sie mit einem Eindringen in den Körper verbunden sind (Vergewaltigung), oder
- die Tat von mehreren gemeinschaftlich begangen wird.

(7) Auf Freiheitsstrafe nicht unter drei Jahren ist zu erkennen, wenn der Täter

- eine Waffe oder ein anderes gefährliches Werkzeug bei sich führt,
- sonst ein Werkzeug oder Mittel bei sich führt, um den Widerstand einer anderen Person durch Gewalt oder Drohung mit Gewalt zu verhindern oder zu überwinden, oder
- das Opfer in die Gefahr einer schweren Gesundheitsschädigung bringt.

(8) Auf Freiheitsstrafe nicht unter fünf Jahren ist zu erkennen, wenn der Täter

- bei der Tat eine Waffe oder ein anderes gefährliches Werkzeug verwendet oder
- das Opfer
  - bei der Tat körperlich schwer misshandelt oder
  - durch die Tat in die Gefahr des Todes bringt.

(9) In minder schweren Fällen der Absätze 1 und 2 ist auf Freiheitsstrafe von drei Monaten bis zu drei Jahren, in minder schweren Fällen der Absätze 4 und 5 ist auf Freiheitsstrafe von sechs Monaten bis

zu zehn Jahren, in minder schweren Fällen der Absätze 7 und 8 ist auf Freiheitsstrafe von einem Jahr bis zu zehn Jahren zu erkennen.

§ 183 Exhibitionistische Handlungen

(1) Ein Mann, der eine andere Person durch eine exhibitionistische Handlung belästigt, wird mit Freiheitsstrafe bis zu einem Jahr oder mit Geldstrafe bestraft.

(2) Die Tat wird nur auf Antrag verfolgt, es sei denn, dass die Strafverfolgungsbehörde wegen des besonderen öffentlichen Interesses an der Strafverfolgung ein Einschreiten von Amts wegen für geboten hält.

(3) Das Gericht kann die Vollstreckung einer Freiheitsstrafe auch dann zur Bewährung aussetzen, wenn zu erwarten ist, dass der Täter erst nach einer längeren Heilbehandlung keine exhibitionistischen Handlungen mehr vornehmen wird.

(4) Absatz 3 gilt auch, wenn ein Mann oder eine Frau wegen einer exhibitionistischen Handlung

- nach einer anderen Vorschrift, die im Höchstmaß Freiheitsstrafe bis zu einem Jahr oder Geldstrafe androht, oder
- nach § 174 Absatz 3 Nummer 1 oder § 176 Abs. 4 Nr. 1

bestraft wird.

§ 183a Erregung öffentlichen Ärgernisses

Wer öffentlich sexuelle Handlungen vornimmt und dadurch absichtlich oder wissentlich ein Ärgernis erregt, wird mit Freiheitsstrafe bis zu einem Jahr oder mit Geldstrafe bestraft, wenn die Tat nicht in § 183 mit Strafe bedroht ist.

§ 184i Sexuelle Belästigung

(1) Wer eine andere Person in sexuell bestimmter Weise körperlich berührt und dadurch belästigt, wird mit Freiheitsstrafe bis zu zwei Jahren oder mit Geldstrafe bestraft, wenn nicht die Tat in anderen Vorschriften mit schwererer Strafe bedroht ist.

(2) In besonders schweren Fällen ist die Freiheitsstrafe von drei Monaten bis zu fünf Jahren. Ein besonders schwerer Fall liegt in der Regel vor, wenn die Tat von mehreren gemeinschaftlich begangen wird.

(3) Die Tat wird nur auf Antrag verfolgt, es sei denn, dass die Strafverfolgungsbehörde wegen des besonderen öffentlichen Interesses an der Strafverfolgung ein Einschreiten von Amts wegen für geboten hält.

§ 185 Beleidigung

Die Beleidigung wird mit Freiheitsstrafe bis zu einem Jahr oder mit Geldstrafe und, wenn die Beleidigung mittels einer Tätlichkeit begangen wird, mit Freiheitsstrafe bis zu zwei Jahren oder mit Geldstrafe bestraft.

§ 186 Üble Nachrede

Wer in Beziehung auf einen anderen eine Tatsache behauptet oder verbreitet, welche denselben verächtlich zu machen oder in der öffentlichen Meinung herabzuwürdigen geeignet ist, wird, wenn nicht diese Tatsache erweislich wahr ist, mit Freiheitsstrafe bis zu einem Jahr oder mit Geldstrafe und, wenn die Tat öffentlich oder durch Verbreiten von Schriften (§ 11 Abs. 3) begangen ist, mit Freiheitsstrafe bis zu zwei Jahren oder mit Geldstrafe bestraft.

Notwehr + Nothilfe

§ 32 Notwehr

(1) Wer eine Tat begeht, die durch Notwehr geboten ist, handelt nicht rechtswidrig.

(2) Notwehr ist die Verteidigung, die erforderlich ist, um einen gegenwärtigen rechtswidrigen Angriff von sich oder einem anderen abzuwenden.

§ 33 Überschreitung der Notwehr

Überschreitet der Täter die Grenzen der Notwehr aus Verwirrung, Furcht oder Schrecken, so wird er nicht bestraft.

§ 34 Rechtfertigender Notstand

Wer in einer gegenwärtigen, nicht anders abwendbaren Gefahr für Leben, Leib, Freiheit, Ehre, Eigentum oder ein anderes Rechtsgut eine Tat begeht, um die Gefahr von sich oder einem anderen abzuwenden, handelt nicht rechtswidrig, wenn bei Abwägung der widerstreitenden Interessen, namentlich der betroffenen Rechtsgüter und des Grades der ihnen drohenden Gefahren, das geschützte Interesse das beeinträchtigte wesentlich überwiegt. Dies gilt jedoch nur, soweit die Tat ein angemessenes Mittel ist, die Gefahr abzuwenden.

Gute und schlechte Geheimnisse

Gute Geheimnisse sorgen für Freude und Spannung bei den in das Geheimnis eingeweihten Personen. Gute Geheimnisse können zum Beispiel die Planung einer erfreulichen Überraschung für eine Person sein. Die an diesem Geheimnis beteiligten Menschen schädigen normalerweise niemanden.

Schlechte Geheimnisse sorgen bei mindestens einer der betroffenen Personen für schlechte Gefühle. Manchmal wird unter der Androhung von Strafe und Gefahr für Leib und Leben eingefordert, das Geheimnis nicht weiter zu erzählen. Es kann auch sein, dass es zwischen Personen ein schlechtes Geheimnis gibt und Betroffene aus Angst oder Scham von sich aus nie auf den Gedanken kämen, das Geheimnis zu lüften.
Notiere ein Beispiel für ein schlechtes Geheimnis:

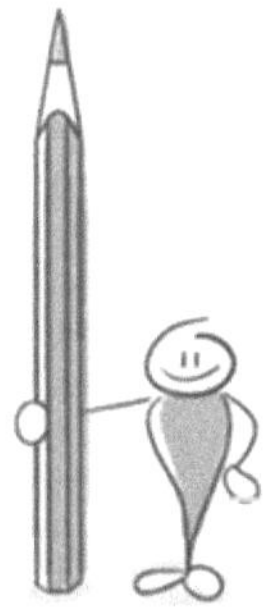

Welches Risiko besteht bei der betroffenen Person, wenn sie das schlechte Geheimnis jemandem anvertraut?

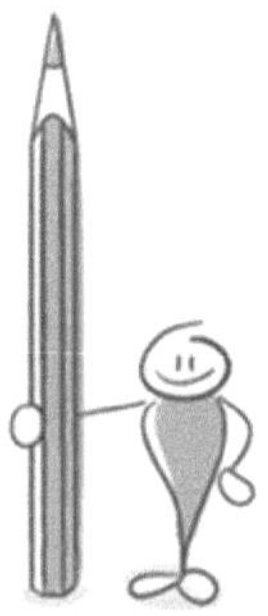

Wenn du in ein schlechtes Geheimnis involviert wirst, musst du gut für dich sorgen. Gibt es eine Person, der du dieses Geheimnis anvertrauen kannst, ohne, dass sie dich in Gefahr bringt? Teile die Last mit einer vertrauensvollen und zuverlässigen Person, die nichts unternimmt, was du nicht möchtest. Überlegt euch einen Ausweg für die Situation. Du hast ein Recht darauf, dass dir niemand Schaden zufügt. Ermittle dein persönliches Risiko, dem du ausgesetzt sein wirst, wenn du das Geheimnis nicht für dich alleine behältst. Dann triff in Ruhe eine gute Entscheidung, die sich ergibt, wenn du dich bezogen auf diese Situation fragst, was du wirklich willst, wer dich dabei unterstützen kann, und setze dann deinen Plan um. Befreie dich von schlechten Geheimnissen. Du kannst auch anonym beim Frauennotruf oder einer seelsorgerischen Einrichtung um Rat fragen.

Stress, Angst und Panik

Das Thema „Stress, Angst und Panik" ist uns sehr wichtig. Wir halten sehr viel davon, dass du dich mit dieser Thematik theoretisch und praktisch auseinandersetzt. Dadurch erweiterst du deinen Handlungsspielraum, falls du dich in einer stressigen oder angstbesetzen Situation bewähren musst.

Wir werden dir in dem entsprechenden Modul theoretisch etwas über die Phänomene Stress, Angst und Panik erklären und dir dann hilfreiche Tipps für die Praxis an die Hand geben, um entsprechende Situationen besser durchzustehen. Bitte vertraue deinen Ausbildern: Es ist für den Lernerfolg kontraproduktiv, wenn du dieses Unterrichtsmodul vollständig vorarbeitest, weil du dich um spannende „Aha-Effekte" in der Praxis bringen wirst. Du kannst gerne „Gut vorbereitet für die Unterrichtseinheit Stress, Angst und Panik" lesen. Alle anderen Teile des Kapitels sind für die Nachbereitung gedacht.

Zu unserem Angebot im Frauenselbstverteidigungskurs gehören auch praktische Übungen, bei denen du die Möglichkeit bekommen wirst, eigene Erfahrungen im Umgang mit Stress zu sammeln und in der Theorie erworbenes Wissen zu Stress- und Angstbewältigung praktisch auszuprobieren.

Falls du zu den ängstlicheren Naturen gehörst, wollen wir dich ermutigen, dich auf das Thema einzulassen. Gerade wenn du eher ängstlich bist, hast du jede Menge Erfahrung im Umgang mit Stress und Angst. Du wirst für dich möglicherweise neue Wege kennenlernen, in Zukunft Stress und Angst besser kontrollieren zu können. Du brauchst dir überhaupt keine Sorgen zu machen, denn du kannst das Ausmaß des Stresses selbst steuern und behältst jederzeit die Kontrolle über die Situation. Schritt für Schritt führen dich die Ausbilder durch das Training. Möchtest du aus einer Übung frühzeitig aussteigen, kannst du dies immer tun, wenn dir danach ist. Vergiss nicht: Du hast für dich selbst die Verantwortung und das schließt ein, dass du frei wählst, was du tust oder lässt.
Gut vorbereitet mit unserem Buchkapitel kannst du dich möglicherweise leichter auf unser Angebot einlassen.

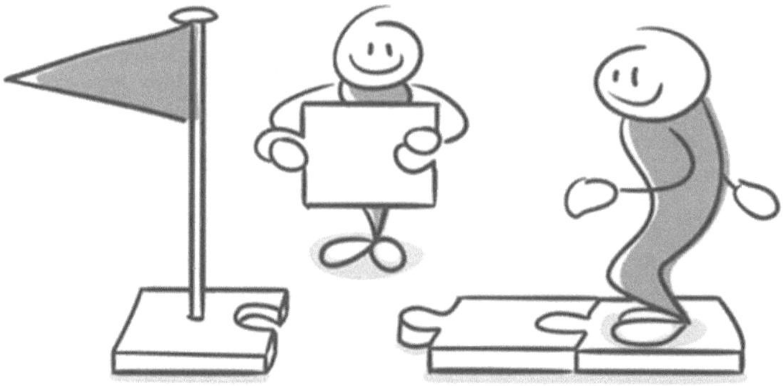

Deine Vorbereitung besteht zunächst darin, dich theoretisch auf das Thema einzustimmen und dir einige Fakten dazu anzulesen. Dazu wollen wir dich einladen, dein Vorwissen zu diesem Thema zu aktivieren: Hast du eine Vorstellung davon, wie sich die Begriffe Angst und Stress unterscheiden? Bitte versuche beide Begriffe voneinander abzugrenzen. Es geht uns darum, dass du deine eigenen Ideen formulierst und nicht in Fachbüchern oder dem Internet nachschaust.

Stress:

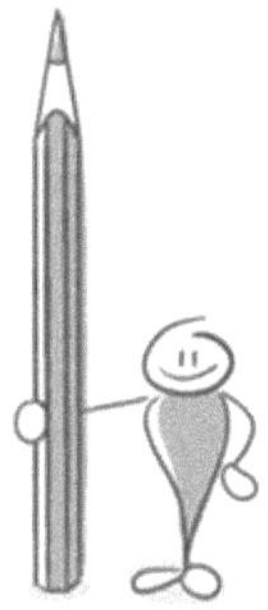

Angst:

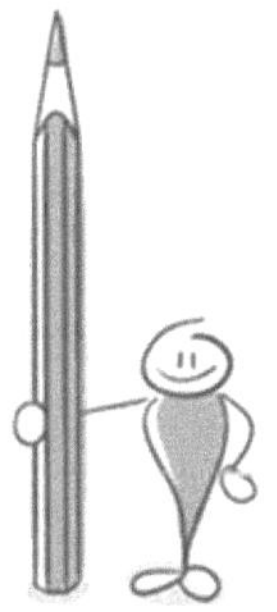

Vielleicht hast du festgestellt, dass diese beiden Wörter zwar in aller Munde sind und häufig verwendete werden, allerdings ist es gar nicht so einfach beide spontan gegeneinander abzugrenzen.
Angst ist eine der sogenannten Basisemotionen. Sie finden in vielen Bereichen der Körpersprache, vor allem in der Mimik ihren Ausdruck. Der US-Amerikaner Paul Ekmann[3] hat sich mit ihnen beschäftigt und herausgefunden, dass alle weiteren Gefühle sich aus diesen sieben Basisemotionen zusammensetzen: Angst (Furcht), Glück (Freude), Wut, Traurigkeit, Neugier (Überraschung), Ekel und Verachtung. Ekmann erläutert, dass der Mensch aus den besagten sieben Grundgefühlen wie aus einem Baukasten schöpft. Er kann alle weiteren Emotionen aus ihnen abbilden. Dazu werden sie in unterschiedlichsten Kombinationen zusammengesetzt.

„Durch Emotionen beziehen sich Menschen aufeinander und verhalten sich zueinander. Sie sind der Motor, der das Zusammenleben möglich macht und in Bewegung hält.“ „(...) Bindung und Beziehung sind ohne Affekte, Emotionen und Gefühle nicht denkbar.“ (Nicolaisen[4])

[3]www.ruetschli.net/psychologie/mimik-gestik/mimik-7-basis-emotionen-217.html, WeltN24GmbH2015.

[4]Zitat - Nicolaisen, Torsten (2013): S. 21.

Lass uns jetzt nachschauen, was geschieht, wenn du in Stress gerätst. Der Begriff Stress wurde geprägt durch den Physiologen Hans Selye (1983). Seine Definition des Stressbegriffs lautet „Stress ist die unspezifische Reaktion des Körpers auf jede Anforderung, die an ihn gestellt wird". Wie du siehst, gibt diese Definition noch gar keine Auskunft darüber, um welche Art von Stress es sich handelt. Sie ist ganz allgemein gehalten, weil die Anforderungen an dich ganz unterschiedlich ausfallen können, im Vergleich zu den Anforderungen für andere Frauen im Kurs. Für uns wird die Betrachtung des ersten Teils sehr wichtig werden. Dort spricht Seyle von den unspezifischen Reaktionen des Körpers. Wir wollen gemeinsam herausfinden, was Seyle mit den unspezifischen Reaktionen des Körpers meint. Dazu schauen wir uns einige Überlegungen aus der Unterrichtseinheit „Gefahrenradar" an, denn wir wollen einen direkten Zusammenhang zwischen Stress im Allgemeinen und Stress in der Frauenselbstverteidigung herstellen. Daraus kannst du dir für dich einen geeigneten Umgang mit Stress, Angst und Panik entwickeln. Nach dieser Auffrischung lernst du unspezifische Reaktionen deines Körpers auf Stress kennen und wir zeigen dir, was du tun kannst, um ihnen kompetent zu begegnen.

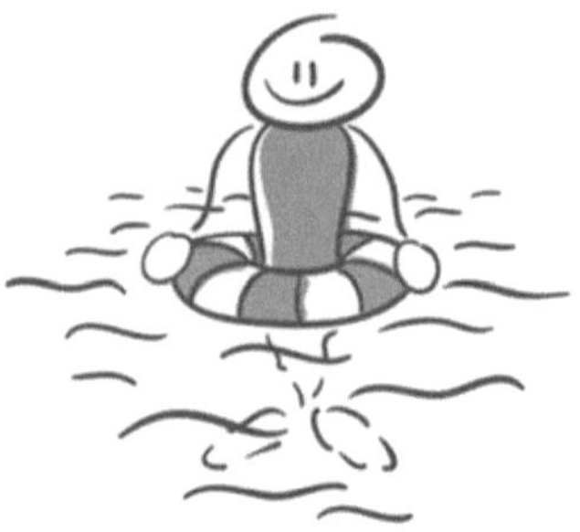

Kurze Wiederholung als Grundlage für Neues

Du hast bereits vom Gefahrenradar gehört und weißt, dass in Sekundenbruchteilen Sinneseindrücke ausgewertet und mit Informationen und Erfahrungen abgeglichen werden. Zur Auswertung gehört neben dem Abgleich mit gespeicherten Informationen und Erfahrungen auch eine Bewertung der Situation. Bewertet wird eine Situation danach ob von ihr eine Bedrohung ausgeht oder nicht.
Wenn du in Stress gerätst, bereiten dich verschiedene Botenstoffe, unter anderem das dir sicherlich bekannte Adrenalin, auf drei Optionen vor: *Flucht*, *Angststarre* oder *Kampf*. Für alle drei Möglichkeiten wird der Körper optimal vorbereitet.

Die bestmögliche Lösung ist schon seit Menschengedenken die Vermeidung eines Kampfes gewesen: *Jeder vermiedene Kampf ist ein gewonnener Kampf.* So halten wir es auch: Wenn du einen Kampf vermeiden kannst und eine Flucht möglich ist, rette dich!

Ist ein Kampf unvermeidbar, dann stelle dich der Auseinandersetzung mit dem Willen, deine „Haut" so teuer wie irgendwie möglich zu verkaufen. Letztlich entscheidet dein Wille, dich bis zum Schluss und mit aller Konsequenz zu wehren, fast immer über Sieg oder Niederlage. Der Täter sucht ein Opfer und in dem Moment, wo du dich behauptest und dich verteidigst, bist du kein geeignetes Opfer mehr.

Dein Körper bereitet sich auf Flucht oder Kampf vor

Die Vorbereitungen sowohl für eine Flucht als auch für einen Kampf laufen in dem Moment auf Hochtouren, wenn der Körper mit Adrenalin geflutet wird. Alle überlebenswichtigen Funktionen und Organe werden nun besonders gut mit Blut und so mit Energie und Sauerstoff versorgt, während alle nicht überlebenswichtigen Funktionen reduziert und für diesen Moment nicht so wichtige Organe geringer stark durchblutet werden.

Kennst du Organe, die im Zuge einer Verteidigungshandlung nicht überlebenswichtig sind und deswegen weniger stark durchblutet werden?

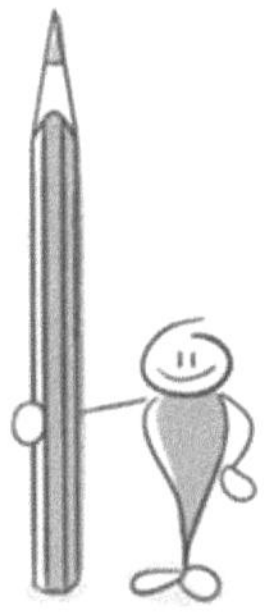

Von diesen Vorbereitungs-Vorgängen in deinem Körper bekommst du im Allgemeinen nur wenig bewusst mit, wenn der Stresslevel gering ist, und manchmal erlebst du eine große Bandbreite all dessen, was man Stress-Symptome nennt.

Die möglichen Symptome auf Stress müssen nicht alle auf einmal und auch nicht alle gleich heftig auftreten. Meist treten sie in verschiedenen Kombinationen auf und können sich gegenseitig verstärken. Aufgrund dieser Tatsache kann man von einem Teufelskreis sprechen. Aus ihm auszubrechen wird immer schwerer, je mehr Symptome sich gegenseitig verstärken. Auch in deinem Kurs wirst du Momente mit höherem und niedrigerem Stresslevel erleben. Wie du damit umgehen kannst, erlernst du in unserem Kurs.

Arbeitsbogen 1: Symptome von Stress und Angst

Welche Symptome fallen dir ein, die auf Stress hinweisen können? Es gibt mindestens 19 verschiedene Anzeichen. Trage diejenigen, welche dir spontan einfallen, ein, in jeden Kasten jeweils ein Anzeichen. Die Lösung befindet sich auf der nächsten Seite.

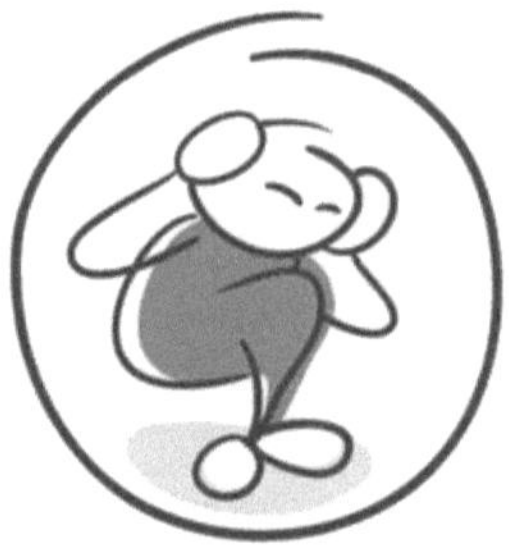

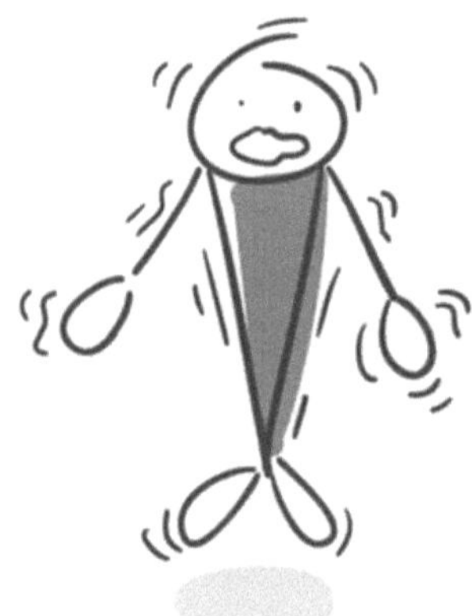

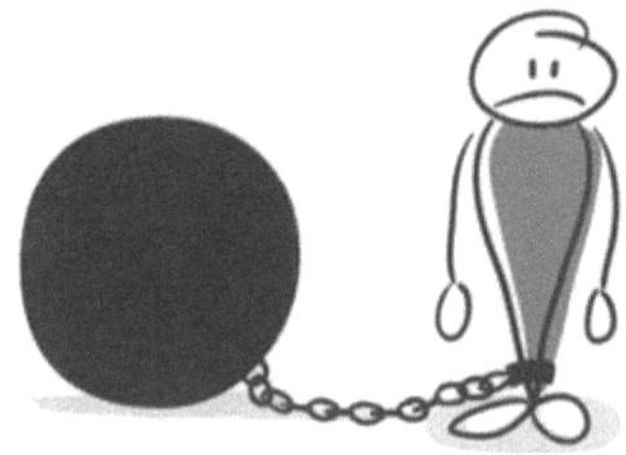

Folgende Symptome können mit Angst in Zusammenhang stehen:

- (Starkes) Herzklopfen,
- Zittern, Zähneklappern,
- Aufstellen der Haare (Gänsehaut),
- Schweißausbrüche,
- Muskelanspannung,
- Erröten,
- Gefühl, ohnmächtig zu werden,
- Zugeschnürter Magen,
- Mundtrockenheit,
- Ausgetrocknete Kehle,
- Hitze- oder Kältegefühl,
- Kopfschmerzen,
- Tunnelblick,
- Unregelmäßige, schnelle, flache Atmung,
- Kloßgefühl im Hals,
- Harndrang,
- Übelkeit,
- Erbrechen,
- Durchfall,
- ...

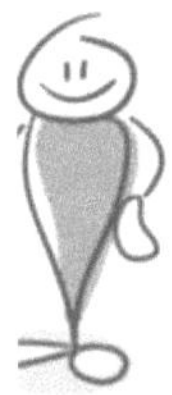

Das ein oder andere Anzeichen von Stress kennst du sicherlich auch von dir selbst. Es ist sehr wahrscheinlich so, dass du genau diese, dir vertrauten Symptome auch auf der vorherigen Seite in die Kästen eingetragen hast. Das ist gut so, denn es zeigt dir, dass du dich und deine Stressmuster ganz gut kennst. In einem der nächsten Schritte soll es dann darum gehen, wie man diese Stressmuster abschwächen kann.

Was ist Ängstlichkeit?

Du weißt jetzt, was man unter Angst und unter Stress versteht. Nun fehlt uns noch der Begriff Ängstlichkeit. Auch er wird im allgemeinen Sprachgebrauch häufig verwendet. Dennoch geraten manche Menschen erst einmal ins Stolpern, wenn sie versuchen sollen, die drei Begriffe voneinander abzugrenzen. Vielleicht hast du eine Vorstellung von der Begriffsbedeutung? Eine ängstliche Person überschätzt nach Charpentier[5] eine Gefahr und unterschätzt die eigenen Fähigkeiten und mögliche Hilfsquellen zur Bewältigung einer Situation. Anderen Frauen in deinem Kurs sind möglicherweise (auch) ängstlich. Unterstützt euch gegenseitig, denn ihr erlebt verschiedene Situationen im Kurs gemeinsam.

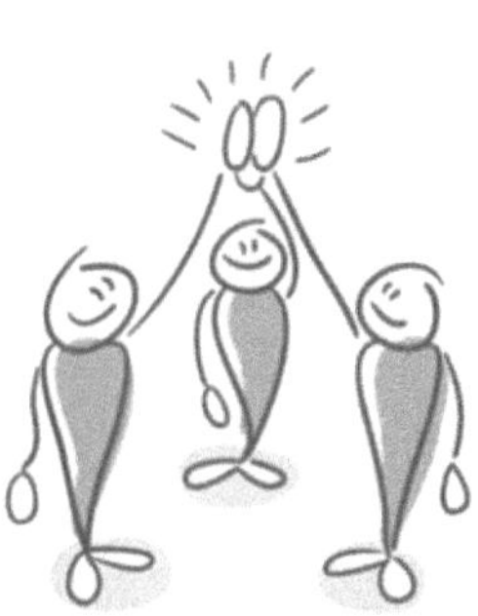

[5]Charpentier (2008)

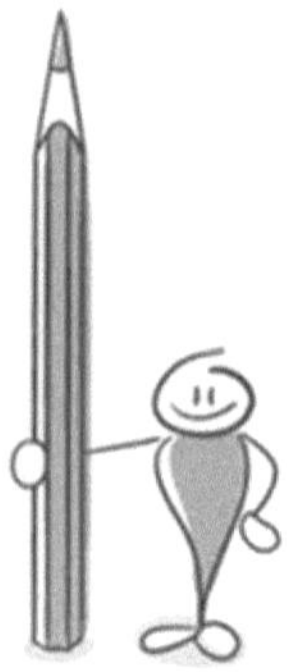

Dein Körper reagiert unter Stress mit verschiedensten Symptomen. Trotzdem bist du den Stresssymptomen nicht völlig hilflos ausgeliefert. Du bekommst von uns verschiedene Wege gezeigt, die Stresssymptome zu reduzieren.
Wichtig ist, dass du erkennst: Dein Körper reagiert in verschiedenen Situationen mit Stress aber ob du dabei Angst verspürst, hängt davon ab, wie du persönlich eine Situation bewertest: als bedrohlich oder als ein freudiges Ereignis. Diese Einstufung hängt von verschiedenen Faktoren ab.

Als Nächstes notiere hier eine Situation, in der du persönlich Angst erlebt hast. Stichworte reichen bei einer kurzen Beschreibung der Situation völlig aus.

Kannst du dich erinnern, welche Symptome von Stress du wahrgenommen hast? Notiere die für dich typischen Stressreaktionen:

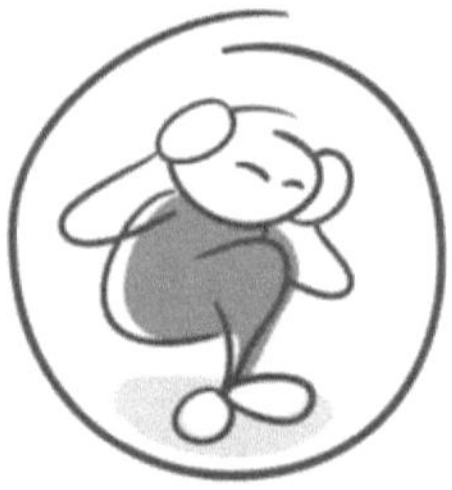

Den meisten Menschen ist es unangenehm, sich mit (der eigenen) Angst auseinanderzusetzen. Der Grund dafür ist oft, dass Angst als etwas Negatives betrachtet wird. Dabei ist Angst die Freundin der Mutigen. Die Symptome, die du dann an dir bemerkst, verstärken sich manchmal auch gegenseitig. Wenn du beispielsweise Angst hast und sich deine Herzfrequenz erhöht, dann kann es passieren, dass dich die Erkenntnis, dass dein Herz schneller schlägt, zusätzlich in Stress versetzt. Wird dir bewusst, dass du Angst hast, kann es passieren, dass du die Symptome von Angst stärker wahrnimmst. Hieraus kann sich eine Angstspirale entwickeln. Die angsteinflößende Situation, der du ausgesetzt bist, bringt dich in Stress und schließlich kommt noch Stress hinzu, weil du erkennst, dass du Angst hast. Im ungünstigen Fall kann sich aufgrund auch eine Angst vor der Angst entwickeln.
Nehmen die Angstsymptome überhand und verstärkt sich die Angst immer weiter, kann sie in eine Panik umschlagen. Panik ist ein Zustand höchster und intensiv erlebter Angst. Nimmt die individuelle Belastung in der Situation immer weiter zu, wird die Handlungsfähigkeit abnehmen. Im Extremfall kann es zu einem Erstarren kommen, weder Flucht noch Kampf sind dann möglich. Das andere Extrem ist die völlig kopflose Flucht. Damit eine angstbesetzte Situation sich nicht so zuspitzt, dass eine Panikreaktion wahrscheinlich wird, musst du gegensteuern.

An dieser Stelle endet die Vorbereitungsphase zum Thema Stress, Angst und Panik. Mach dir keine Gedanken wegen der praktischen Übungen im Kurs. Es wird nichts passieren, was du nicht willst.

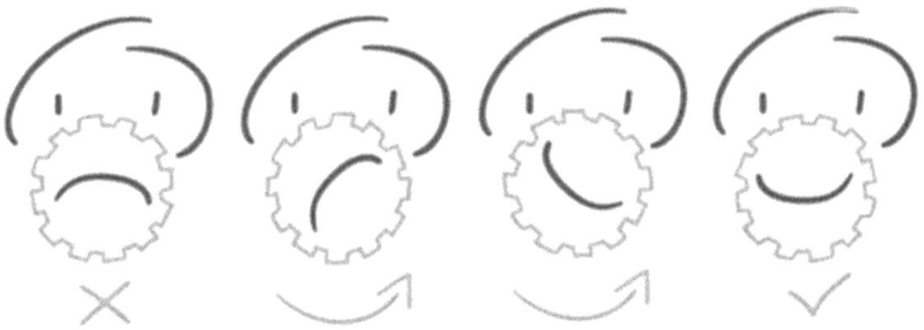

Wir haben dir im Kurs erklärt, dass sich Stress-Symptome gegenseitig beeinflussen können und miteinander in einem Zusammenhang stehen. Du weißt nun, an welchen Stellen du im Teufelskreis der Angstverstärkung ansetzen kannst, um die Angst-Spirale zu durchbrechen. Betrachte die Bereiche Atmung, Muskulatur und deine Gedanken. Sie kannst du willentlich beeinflussen und somit Stress und Angst wirkungsvoll begegnen.

Der Teufelskreis sich selbst verstärkender Stress-Symptome

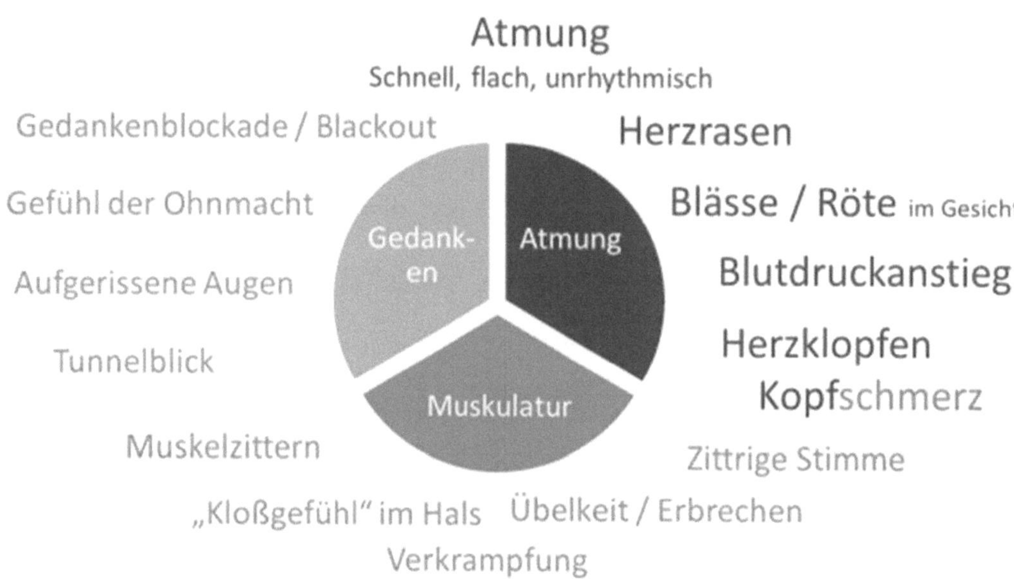

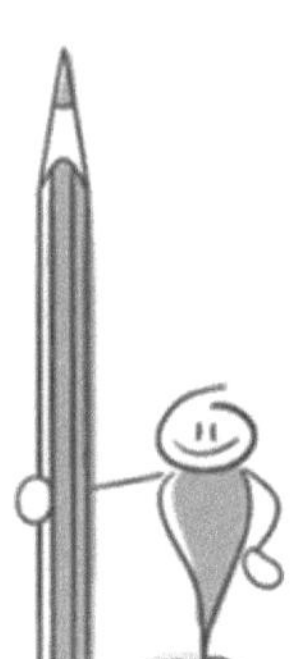

Erkenne dein Stress-Muster

Kringele in der Abbildung zum Teufelskreislauf jene Symptome ein, die bei dir am häufigsten auftreten, wenn du gestresst bist. Da diese Anzeichen in der Kreismitte bereits den drei großen Bereichen Muskulatur, Atmung und Gedanken zugeordnet sind, kannst du auf der nächsten Seite gleich entdecken, wie du ihnen entgegen wirken kannst.

Der Ausweg aus dem Teufelskreis

Das Wichtigste ist, dass du im Kopf „klar“ bleibst. Kannst du trotz Stress klare Gedanken fassen, wirst du eher zielführend reagieren. Umgekehrt sollst du versuchen, körperliche Entspannung zu erreichen, damit du wieder klare Gedanken fassen kannst.

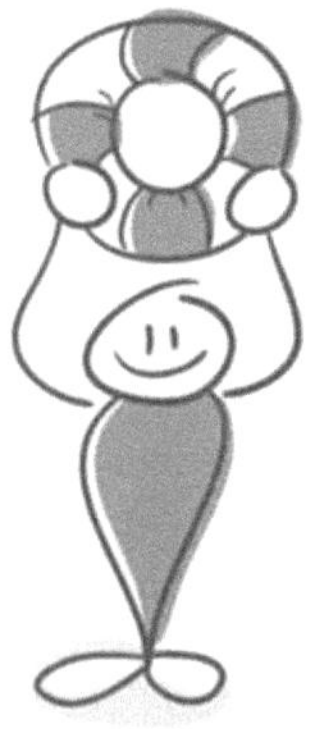

Auf das Herzkreislauf-System (zum Beispiel deinen Blutdruck) kannst du willentlich keinen Einfluss nehmen. Aber die anderen drei Bereiche der Symptome unterliegen deiner bewussten Einflussnahme. Du kannst also demnach nicht willentlich und direkt auf deinen Herzschlag Einfluss nehmen, aber es ist dir möglich, deine Atmung willentlich zu kontrollieren, ebenso muskuläre Entspannung zu erzeugen und den Gedankensinn so zu besetzen, dass angst- und panikförderliche Gedanken durch positive Gedanken blockiert werden.

Es wird nun Zeit, dir zu erklären, dass diese oftmals als bedrohlich erlebten Reaktionen deines Körpers überlebenswichtig sind und durchaus ihre guten Seiten haben. Wie sonst könnte dein Körper dir in Sekundenbruchteilen eine Flucht oder einen Kampf ermöglichen? Auch wenn einem die körperlichen Reaktionen manchmal Angst machen können, sind sie doch sehr wichtig für dich: Dieses Schutzsystem sichert das Überleben der Menschen.

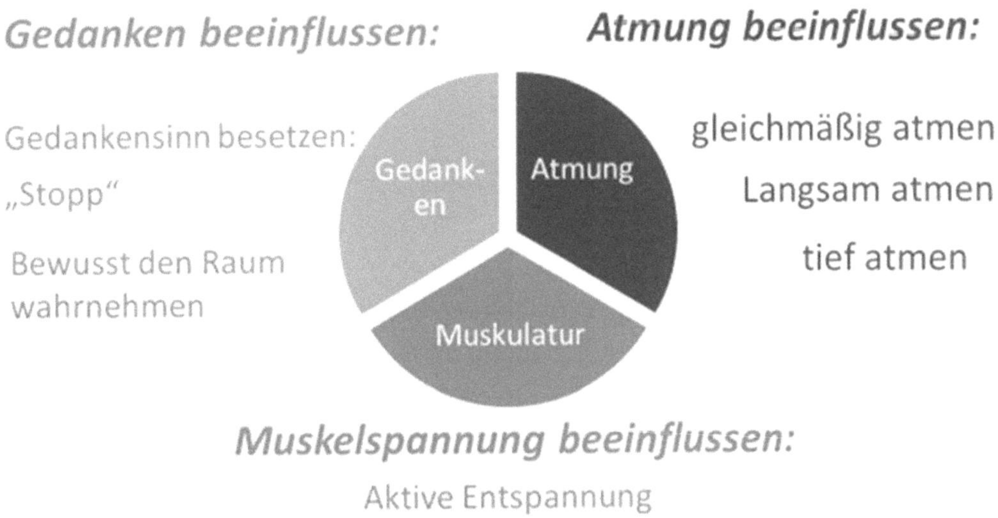

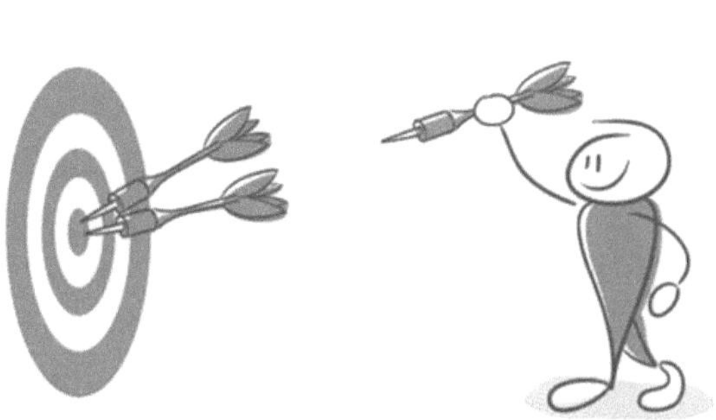

Selbstkontrolle 1 – Dem Stress entgegen wirken

Damit du diese vier wirksamen Techniken der Angstbewältigung in deine Wissensnetze einbinden kannst, schreibe sie in eigenen Worten in die nachstehende Grafik. Du kannst dich selbst kontrollieren, indem du dieses Kapitel noch einmal liest.

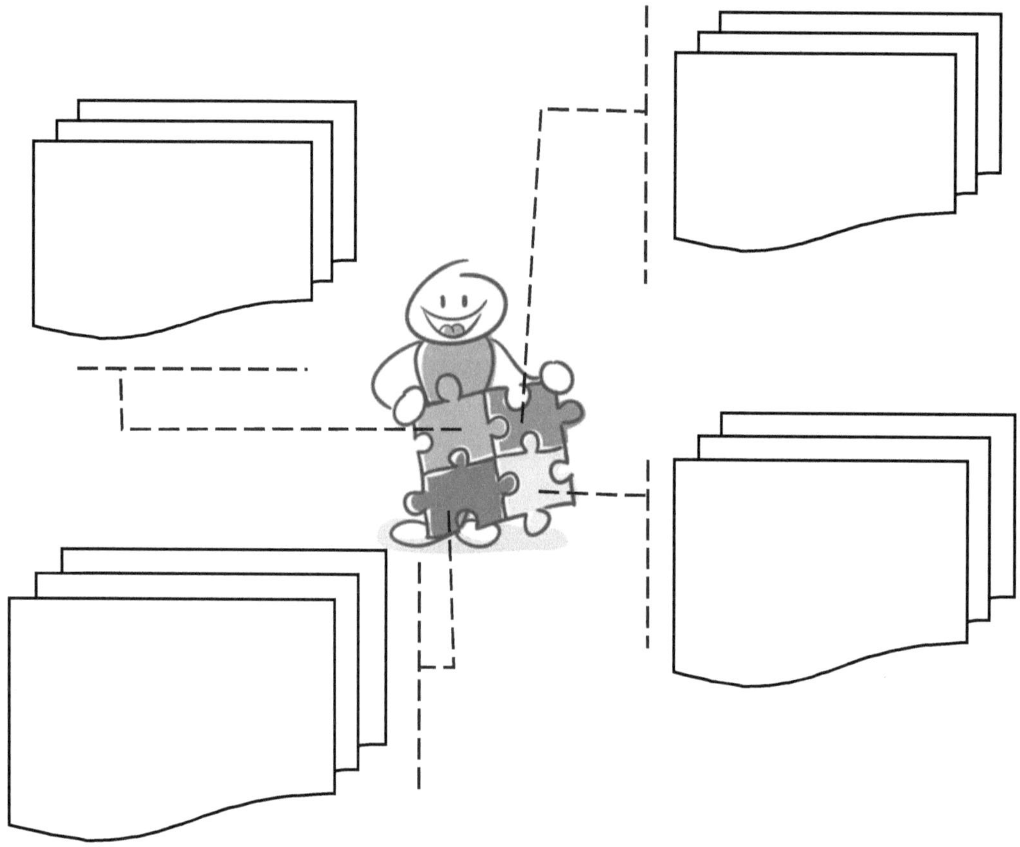

Die Ausschüttung von Adrenalin ist nichts Schlimmes. Beurteile deswegen eine Situation nicht automatisch als gefährlich. Schließlich bedeutet dies zunächst ja nur, dass dein gut ausgeprägter Gefahrenradar, von dem du ja bereits in den ersten Einheiten gehört hast, zuverlässig funktioniert und „anspringt", sobald Gefahr im Verzug ist. Adrenalin macht dich besonders aufmerksam und sensibel für mögliche Bedrohungen und dieses System läuft normalerweise nicht unnötig an, da es den Körper auch jede Menge Energie kostet. Du beurteilst bewusst oder unbewusst in kürzester Zeit, ob sich Gefahr anbahnt oder nicht.

Natürlich ist auch klar, dass es heute viele Situationen gibt, in denen das „Flight-or-Fight"-System (Flucht oder Kampf) eingreift, auch wenn keine reale Gefahr für Leib und Leben besteht. Ein Mitarbeitergespräch löst genauso Stress aus wie ein Vortrag vor großem Publikum oder ein Vorstellungsgespräch. Der Körper schüttet auch hier Adrenalin aus, um dich gut auf die bevorstehende Situation vorzubereiten. Es geht hier allerdings nicht mehr wie in der Steinzeit beim Anblick eines Säbelzahntigers um Gefahr für Leib und Leben – nicht mittelbar zumindest. Heute fürchten wir häufiger den Verlust anderer Werte wie Sicherheit, sicherer Arbeitsplatz oder ein Gehalt, von dem wir uns und eine Familie ernähren können. Unsere Existenz ist also nur indirekt bedroht. Wir ahnen oder wissen, dass von einem Gespräch mit Vorgesetzten vieles abhängt, und dennoch wird es normalerweise nicht zu einer körperlichen Auseinandersetzung kommen. Deshalb kann die durch das Flight-Fight-System bereitgestellte Energie nicht unmittelbar abgebaut werden, sondern sucht sich auf andere Weise ein Ventil: nervös mit dem Stift spielen, sehr schnelles Sprechen, hastiges Tippeln mit dem Fuß …

Werfen wir noch einen Blick auf die Bewertung von Stress. Zu Beginn dieses Kapitels haben wir dir erklärt, dass es eine Frage der Bewertung ist, ob Stresssymptome als bedrohlich und angstauslösend eingeschätzt werden. Das klang zunächst vielleicht fremd für dich. Vermutlich hast du selbst bereits in einer kritischen Situation gespürt, dass das Herz wild klopfte und dir vor Schreck vielleicht die Spucke weg blieb, wie man übrigens auch umgangssprachlich sagt. Vielleicht ist dir auch bildlich schon einmal der Schreck in die Glieder gefahren und du bist vor Publikum erstarrt wie vor einer Schlange? All das zeigt dir, dass du eine Situation als gefährlich eingestuft hast und der Körper mit Stress reagierte. Oft ist es so, dass die Emotion Angst mit Stress gekoppelt wird.

Manchmal erleben wir im Stress-Training Frauen, die auf uns zukommen und uns ihre zitternden Hände zeigen, mit den Worten: *„Guck mal, mir zittern gerade richtig die Hände. Aber ich verstehe gar nicht, warum, denn eigentlich habe ich doch gerade gar keine Angst.“*

Für uns ist dies die perfekte Situation, um den Unterschied zwischen Stress und Angst zu erklären. Diese Frau hat sich in unserer guten Lernatmosphäre so wohl und sicher gefühlt, dass sie keine Angst spürte – Auch nicht, als sie von einem Mann angesprochen und plötzlich von hinten umklammert wurde. Sie war sich ganz sicher, dass ihr nichts geschehen würde, hat dann aber normale Stress-Symptome wahrgenommen, als die Übungssituation für sie vorbei war.

Daran erkennst du, dass Stress nur die Reaktion des Körpers auf das Adrenalin war und die Beurteilung der Situation als „ungefährlich“ kein Angstgefühl auslöste. Die Bewertung der Situation wäre sicherlich anders verlaufen, wenn der Stresslevel durch die Ausbilder höher angesetzt oder die Frau durch frühere schlechte Erfahrungen in so einer Situation sensibilisiert gewesen wäre. So aber ergab die Bewertung keine Gefahr und diese Frau durfte an sich selbst lernen, was wir zuvor in der Theorie besprochen hatten.

Den umgekehrten Fall haben wir auch schon erlebt, nämlich dass eine gewaltvorbelastete Frau in einer augenscheinlich stressfreien Situation die Nerven verloren hatte und schließlich mit Angststarre reagierte, obwohl das Szenario-Training noch gar nicht begonnen hatte. Alleine die spannende Hintergrundmusik in Verbindung mit Dunkelheit im Raum hatte zu der Bewertung „Gefahr“ geführt und die Teilnehmerin verspürte massive Angst, während alle anderen im Raum die Situation als nicht gefährlich einstuften.

Positiver Stress – Alles eine Frage der Bewertung

Bisher haben wir dir nur etwas über sogenannten negativen Stress erzählt. In unseren Kursen geht es auch fast ausschließlich um diesen Di-Stress, wie er in der Fachsprache genannt wird. Es ist der Stress, den wir als Belastung erleben, wenn er uns ereilt. Kannst du dir aber auch vorstellen, dass Stress positiv erlebt wird? Manchen Frauen fällt dies zunächst schwer, weil allzu oft an Gefahren gedacht wird. Nehmen wir aber einmal an, dass du dich mit einer guten Freundin oder einem lieben Bekannten triffst und das letzte Treffen schon lange her ist. Auch dann kannst du einen erhöhten Herzschlag feststellen und vielleicht zieht sich die Magengegend freudig zusammen in Erwartung des Wiedersehens. Dann spürst du ebenfalls die Symptome von Stress aber die Bewertung der Situation fällt diesmal positiv aus. Dabei verbindest du nämlich, wie vielleicht bei der Vorfreude auf eine Reise am Vorabend, etwas Positives mit der Wahrnehmung der Stressauswirkungen. Dieser positive Stress wird Eu-Stress genannt. Bei freudig herbei gesehnten Leistungsüberprüfungen wie zum Beispiel dem eigenen Theaterauftritt oder einem sportlichen Wettkampf nennt man dieses „Vorglühen“ als Reaktion auf Stress auch Lampenfieber oder Vorstart-Zustand.

„Wir werden nicht so sehr von den Dingen beunruhigt als vielmehr von den Gedanken, die wir uns machen.“ (Epiktet, 1. Jahrhundert n. Chr.)

Selbstkontrolle 2 - Unterschiedliche Stress-Arten

Du kannst abschließend den folgenden Text zum Thema Stress vertiefend als Wiederholung bearbeiten. Setze die Wörter aus dem Wortspeicher in die Lücken ein. Achtung: Die Wörter sind durcheinander geraten.

Stress – Belastung – Gefahrensituation – negative – Stress – Belastung – Stressreaktionen – negativen – Eu-Stress – Di-Stress – positiven.

Unter ________________ reagiert dein Körper mit Stress und das ist eine völlig normale Reaktion deines Körpers. Die Belastungsreaktion bereitet den Körper auf Flucht oder Kampf (im weitesten Sinne) vor. Es werden Kräfte aktiviert, die bereitgestellt werden, um in einer ________________ adäquat reagieren zu können.
Es gibt aber nicht nur _____________ Stress. Die Ausschüttung von Adrenalin kann auch beflügeln und in positivem Sinne Flügel verleihen, wenn sie leistungssteigernd wirkt. In der Wissenschaft nennt man diesen ______________ Stress ______________. Ein gutes Beispiel ist Lampenfieber, das zu einer erhöhten Leistungsbereitschaft führt und hilft eine besondere Situation zu bewältigen.
Wenn ________________ Belastungen überwiegen und noch dazu über längeren Zeitraum andauern, ohne dass du dich dagegen wehren oder schützen kannst, dann kann ________ gesundheitsschädlich wirken. Kannst du über längere Zeit verschiedenen Ansprüchen nicht gerecht werden und fürchtest du Herausforderungen nicht bewältigen zu können, wird Stress zu einer ernsten ________________. So kann aus Stress Dauerstress werden und dein Körper mobilisiert alle Kräfte, auch wenn aktuell gerade keine Bewältigung einer Herausforderung ansteht. Dann sprechen wir von gesundheitsschädlichem Stress, dem ________________.
Während es nur wenig Zeit benötigt, um ____________________ im Körper auszulösen, dauert es erheblich länger, bis dein Körper Stress abgebaut hat, zumindest bis er auf ein für dich erträgliches Maß gesunken ist.

Die Lösung findest du auf der folgenden Seite.

Lösungen: 1. Lücke: Belastung – 2. Lücke: Gefahrensituation – 3. Lücke: negativen – 4. Lücke: positiven – 5. Lücke: Eu-Stress – 6. Lücke: negative - 7. Lücke: Stress – 8. Lücke: Stress – 9. Lücke: Belastung – 10. Lücke: Di-Stress – 11. Lücke: Stress.

Der letzte Termin in unserem Kurs

Dieser Tag wird meistens mit Spannung erwartet. Du wurdest von deinen Ausbildern in Sachen Selbstbehauptung und Selbstverteidigung gut vorbereitet und hast jede Menge dazu gelernt. Auch das Workbook Frauenselbstverteidigung war dir ein treuer Begleiter. Wir freuen uns mit dir, dass du so weit gekommen bist und nun dem letzten Kurstermin entgegen fieberst.
Du kannst, wenn es dir ein Bedürfnis ist, verschiedene Themen aus diesem Workbook noch einmal wiederholend durchlesen: zum Beispiel die Unterrichtsmodule „Stress, Angst Panik“ und „Körpersprache“.
Wir versichern dir aber an dieser Stelle, dass du keine besondere Vorbereitung benötigst. Alles, was du für unsere letzte Kurseinheit brauchst, hast du bereits bei uns gelernt und dir vertiefend angelesen.

Der Ablauf der letzten Kurseinheit:

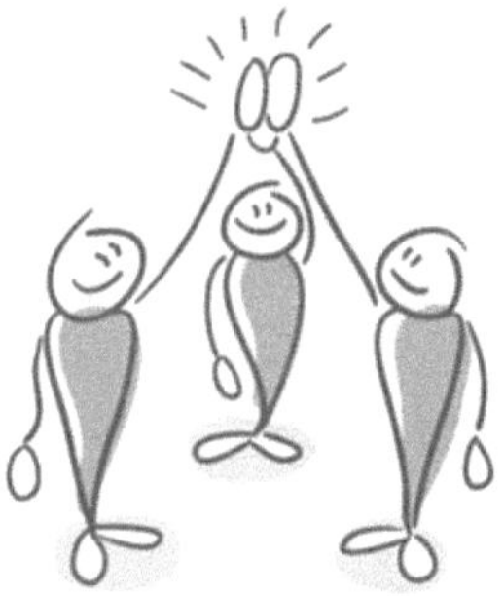

Du wirst wie gewohnt zu unserem Kurs erscheinen. Nach der Begrüßung und einigen Worten zum Ablauf der letzten Kurseinheit geht es auch gleich los. Ihr könnt euch miteinander „aufwärmen“. Danach bekommst du die Möglichkeit, dich von unseren Ausbildern und deren Assistenten in verschiedenen Situationen bis zur versuchten Vergewaltigung am Boden angreifen zu lassen. Du hast jederzeit die Kontrolle über die Situation. Du kannst die Stopp-Regel verwenden, wenn es dir zu viel wird. Du kannst jederzeit ein- beziehungsweise aussteigen. Wünschst du dir entsprechende Unterstützung, werden wir die Abschluss-Szenarios Seite an Seite mit dir gemeinsam durchstehen: Du bekommst selbstverständlich, wenn gewünscht, einen Coach an deine Seite, der dich durch die Szenarios, meist kaum eine Armlänge von dir entfernt, führt. Wir wollen dich ermutigen, diese einmalige Chance zu nutzen, selbst wenn dir die letzte Kurseinheit mehr als unheimlich vorkommt. Wenn wir dich nicht überzeugen können, daran teilzunehmen, wollen wir dich zumindest einladen, als Zuschauerin dabei zu sein.
Die besten Ergebnisse erzielst du durch Erfahrungen, die du selbst sammelst. Bevor du aber aus lauter Sorge gar nicht erst zum Abschlusstermin erscheinst und gar nichts lernst, bieten wir dir die Gelegenheit, wenigstens durch Zuschauen zu lernen.

Im Anschluss an unsere Selbstverteidigungseinheit findet stets ein gemütliches Beisammensein statt. Wir feiern deinen erfolgreichen Kursabschluss und es besteht die Möglichkeit des gemeinsamen Austauschs aller Beteiligten über den Selbstverteidigungskurs. Du wirst eine Möglichkeit bekommen, uns eine anonyme Rückmeldung zu deinem Kurs zu geben. Das ist uns ganz besonders wichtig, weil wir dein Feedback brauchen, um besser zu werden. Auch dieses Workbook konnte nur entstehen, weil zahlreiche Anregungen und Wünsche aus dem Kurs unsere Arbeit weiter entwickelt haben.

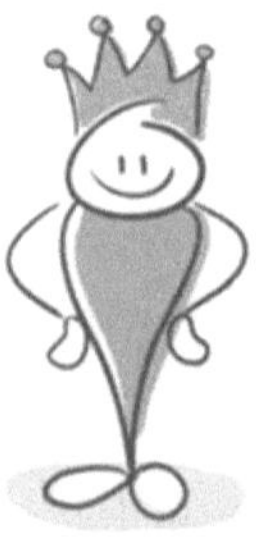

Mache dir keine Gedanken: Wir überreden niemanden zu etwas, aber wir werden versuchen Überzeugungsarbeit zu leisten, wenn du einfach nur unschlüssig bist, ob du am Abschluss-Termin teilnehmen willst. Ein klares Nein werden wir ohne Wenn und Aber akzeptieren. Unsere langjährige Erfahrung hat gezeigt, dass es für unsere teilnehmenden Frauen ein unvergessliches Erlebnis ist, an sich selbst zu spüren, wie wehrhaft sie geworden sind. Auch du wirst mit Sicherheit einen deutlichen Unterschied erkennen können, wenn du dein Wissen und deine Leistungen an den ersten beiden Terminen mit deinem Wissensstand heute vergleichst. Auch praktisch wird sich vieles verändert haben: Deine Fähigkeiten und Fertigkeiten bezogen auf Selbstbehauptung und Selbstverteidigung hast du wesentlich stärken können.
Damit du diese wichtige Erkenntnis, dass du wehrhaft bist, für dich selbst gewinnst, ist es notwendig, dass du ein klein wenig Mut und Neugier mitbringst. Du schaffst das!

Das Ende des Workbooks

Zunächst einmal von uns einen herzlichen Glückwunsch zum erfolgreichen Abschluss unseres Basiskurses Frauenselbstverteidigung!

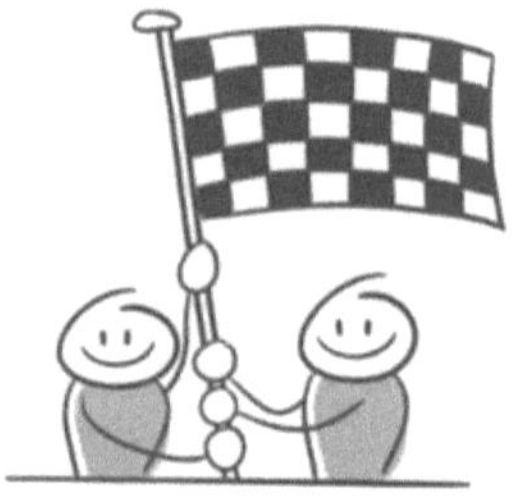

Du bist nun auch am Ende unseres Workbooks angekommen. Wir wünschen dir, dass du viele wertvolle Erkenntnisse gewinnen und gute Erfahrungen bei uns im Kurs sammeln konntest.
Sehr gerne begrüßen wir dich bei einem weiteren unserer Kurs-Angebote an der B*E*S*T-Akademie Sulzbach und Saarbrücken. Lass dich von unserem breit gefächerten Kursangebot inspirieren. Es gibt noch jede Menge spannende Angebote zu entdecken, alle mit dem Ziel, dich bei der Entwicklung der Selbstbehauptungs- und Selbstverteidigungsfähigkeit zu unterstützen.
Wir wünschen dir für die Zukunft alles Gute und freuen uns auf ein Wiedersehen mit dir.

Stephanie Lade und Volker Martin

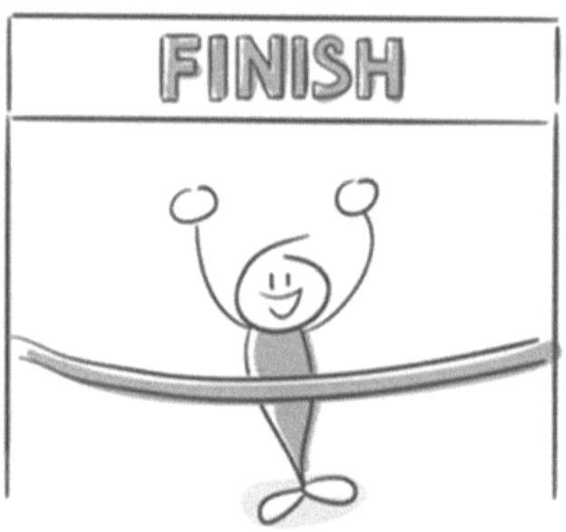

Quellen

Literaturverzeichnis

André, Christophe / Légéron, Patrick (2001): Bammel, Panik, Gänsehaut: Die Angst vor den anderen. Verlag Aufbau TB.

Baumann, Sigurd (2009): Psychologie im Sport. 5., überarbeitete Auflage, Meyer und Meyer Verlag, Aachen.

Charpentier, Annette (2008): Keine Panik vor der Angst – Eigene Energien nutzen, Zuversicht gewinnen – aus dem Englischen von Sonja Schuhmacher. Verlag Kreuz GmbH, Stuttgart.

Kernspecht, Keith R / Karkalis, André. (2003): Verteidige Dich: Selbstverteidigung für Frauen. Heel-Verlag, Königswinter.

Kernspecht, Keith R. (2011): Blitz Defence – Angriff ist die beste Verteidigung. 9. Auflage, EWTO Verlag, Abt. WingTsun GmbH & Co.KG, Ostheim.

Kernspecht, Keith R. (2014): Die Essenz des WingTsun! – Jenseits von Techniken, Formen und Anwendungsdenken. 2. Auflage, EWTO Verlag, Abt. WingTsun GmbH & Co.KG, Ostheim.

Kernspecht, Keith R. (2014): Inneres WingTsun – Kursbuch. 2. Auflage, EWTO Verlag, Abt. WingTsun GmbH & Co.KG, Ostheim.

Kernspecht, Keith R. (2014): Praxisband – KAMPFLOGIK – Vom Treffen und Nicht-Getroffen-Werden – Grundstufe, Mittelstufe, Oberstufe auf dem Weg zum Meister. 3., überarbeitete Auflage, EWTO Verlag, Abt. WingTsun GmbH & Co.KG, Ostheim.

Lade, Stephanie / Martin, Volker (2017): Kursleiterhandbuch Frauenselbstverteidigung – Ein Handlungsleitfaden für Ausbilder, Trainer & Co. Rediroma Verlag.

Müssig, Petra (2010): Erfolg ist Kopfsache – Sportliche Herausforderungen meistern. Pietsch Verlag, Stuttgart.

Thompson, Geoff (2001): Die Angst. Techniken zur Angstkontrolle. 3. Auflage, WuShu – Verlag.

Abbildungsverzeichnis

Das Urheberrecht an den Grafiken im Buch liegt bei der Autorin Stephanie Lade. Die Nutzungsrechte der Strichmännchen-Zeichnungen wurden bei Fotolia (www.fotolia.de) erworben.
Der Urheber aller Strichmännchen Zeichnungen in diesem Buch ist Schinsilord, registriert bei Fotolia.

Web-Quellen-Verzeichnis

http://wt-schulen-sulzbach.de/
Unter diesem Link findet sich sowohl die EWTO- als auch die B*E*S*T-Akademie von Volker Martin.

http://www.ewto.de

www.ruetschli.net/psychologie/mimik-gestik/mimik-7-basis-emotionen-217.html, (Stand: April 2016)

http://www.Psychomeda.de/lexikon/extraversion.html (Stand: April 2016)